Francis Daniel Pastorius

Franz Daniel Pastorius Beschreibung von Pennsylvanien

Francis Daniel Pastorius

Franz Daniel Pastorius Beschreibung von Pennsylvanien

ISBN/EAN: 9783743694507

Hergestellt in Europa, USA, Kanada, Australien, Japan

Cover: Foto ©ninafisch / pixelio.de

Weitere Bücher finden Sie auf **www.hansebooks.com**

Franz Daniel Pastorius'
Beschreibung von Pennsylvanien.

Nachbildung
der in Frankfurt a./M. im Jahre 1700 erschienenen
Original-Ausgabe.

Herausgegeben
vom
Crefelder Verein für wissenschaftliche Vorträge.

Mit einer Einleitung
von
Friedrich Kapp.

Crefeld.
Druck von Kramer & Baum.
1884.

Den deutschen Brüdern

in den

Vereinigten Staaten von Nordamerika

als Pfand

unzerreißbaren inneren Zusammenhanges

mit dem

Mutterlande Deutschland

gewidmet.

Unsere Stadt Crefeld, die Vaterstadt der ersten deutschen Ansiedler in Nord-Amerika, hat mit warmer Theilnahme die gewaltige Kundgebung verfolgt, durch welche die deutschen Brüder in den Vereinigten Staaten am 6. Oct. d. J. den zweihundertsten Jahrestag der ersten deutschen Einwanderung auf den Boden des neuen Continents, der Landung unserer Crefelder Bürger an den Ufern des Delaware, begangen haben.

Zu dauerndem Gedächtniß der zwischen der begeisterten Festversammlung zu Philadelphia und den hiesigen mitfeiernden Bürgerkreisen gewechselten Grüße haben wir die erneute Herausgabe des nachfolgenden an die Triebfedern und an die ersten Geschicke jener Einwanderung so lebhaft erinnernden Werkes veranstaltet, das wir hiermit den deutschen Brüdern in Amerika in herzlichster Theilnahme widmen.

Crefeld,
Weihnachten 1883.

Der Verein
für wissenschaftliche Vorträge.

Einleitung.

Am letzten 6. Oktober sind es zweihundert Jahre geworden, daß die erste deutsche Auswanderungsgesellschaft bei der jetzigen Stadt Philadelphia ihren Fuß auf die amerikanische Küste setzte. Es war ein kleines, bescheidenes Häuflein von dreizehn Familien oder höchstens vierzig Personen, welches am 24. Juli 1683 aus Crefeld ausgezogen und nach 75tägiger Fahrt im Delaware eingelaufen war. Seitdem sind Hunderttausende und Millionen unserer Landsleute jenen schlichten Leinewebern vom Rheine nachgefolgt, und jede deutsche Landschaft hat, die eine in höherm, die andere in geringerm Grade dazu beigetragen, das ursprünglich so unscheinbare Rinnsal deutscher Auswanderung zu einem mächtigen Strome anzuschwellen.

Unsere Landsleute drüben haben die Feier dieses Tages in allen Theilen des Landes mit großem Pomp begangen. Philadelphia, in dessen jetzigem Stadtgebiete Germantown heut zu Tage den 22. Bezirk bildet, stand natürlich an der Spitze von allen Festorten. Die dortigen Deutschamerikaner wollten ihren amerikanischen Mitbürgern den handgreiflichen Beweis für ihre Mitwirkung bei der friedlichen Eroberung des Landes und zugleich für ihre heutige Zahl und Bedeutung liefern. Dieser

Beweis ist ihnen ganz vortrefflich gelungen. Durch die sinnreiche Vorführung von geschichtlichen Bildern, welche den Antheil der Deutschen an der Zivilisirung des Kontinents darstellten, haben es die Feiernden auch dem beschränktesten Nativistenverstande klar gemacht, daß das deutsche Element die ganze und volle Gleichberechtigung in der sich erst bildenden amerikanischen Nation in Anspruch nehmen kann und muß. Und mehr als das hat diese Feier gethan; sie hat für jeden denkenden Menschen den endgültigen Beweis beigebracht, daß ohne die treue Hingabe der Deutschen an die Interessen des Landes ihrer Wahl und ohne ihren bienenartigen Fleiß die wirthschaftliche Entwicklung der Vereinigten Staaten nicht so schnell emporgeblüht wäre, und daß mit unseren Landsleuten, wenn sie auch schon durch ihre Masse allein ein bedeutendes Gewicht in die Wagschale werfen, wohl oder übel gerechnet werden muß. Es ist deshalb keine Uebertreibung zu sagen, daß die Union das, was sie heute ist, ohne die Mitarbeit der Deutschen niemals hätte werden können.

Auch Crefeld gedachte an jenem Tage mit herzlicher Theilnahme der Schicksale seiner ausgewanderten Söhne; bildeten sie doch für Deutschland den ersten Anfang, für Amerika aber ein äußerst wichtiges Glied in jener mächtigen Völkerbewegung und friedlichen Völkerwanderung, welche seitdem einen ganzen Welttheil der Kultur erobert hat. Es war eine sinnige und erhebende Feier, welche sich natürlich nur auf einen geschichtlichen Rückblick und die Erklärung der Beweggründe der Auswanderer beschränken konnte. Aus dem Kreise derer, welche das Gedächtniß an diesen Tag wieder aufgefrischt hatten, ging die Anregung hervor, zur bleibenden Erinnerung für die Festgenossen und zugleich die späteren Geschlechter die längst aus dem Buchhandel verschwundene Beschreibung Pennsylvaniens von Franz Daniel Pastorius neu auflegen zu lassen. Der Unterzeichnete hat gern von seinen Crefelder Freunden den Auftrag übernommen, diese seltene und doch so werthvolle Schrift bei der heutigen deutschen Lesewelt neu einzuführen und zugleich die Ursachen zu schildern, welche jene ersten Crefelder Auswanderer aus der Heimath vertrieben und zur Ansiedlung von Pennsylvanien geführt haben.

Es war etwas mehr als ein Menschenalter nach dem dreißigjährigen Kriege, eine trostlose schreckliche Zeit, vielleicht die traurigste Periode der ganzen deutschen Geschichte. Es war die Zeit, wo die Türken im Osten, die Schweden im Norden, die Franzosen im Westen unsers Vaterlands die Kriegsfurie von Neuem wieder losließen und wo im Süden Habsburg, Rom und Spanien die kärglichen Ueberreste von Gewissens- und Glaubensfreiheit unterwühlten, ja mit Stumpf und Stiel auszurotten suchten. Ueberall im Lande lagen Kunst, Handel und Verkehr vollständig darnieder. Was der dreißigjährige Krieg noch nicht völlig verwüstet hatte, das vollendeten die französischen Raubzüge unter Turenne, die Wegnahme von Straßburg und die Verheerung der Pfalz. Die Mündungen des Rheins waren nach dem westfälischen Frieden von den Holländern verstopft, die Nord- und Ostsee blieb durch die Schweden besetzt und die natürlichen Handelswege, die früher durch Deutschland gegangen waren, veröden durch den Krieg, wenn nicht in ihrer ganzen Ausdehnung, so doch in Folge der verschiedenen neuen Handelsstraßen täglich mehr, während natürlich der Reichthum der freien Reichsstädte wie Augsburg, Ulm, Nürnberg u. s. w. immer tiefer sank. Der arme und gedrückte Unterthan hatte weder die Mittel noch den Muth, sich auf weitaussehende Unternehmungen einzulassen und verarmte täglich mehr. Der kleine Mann ernährte sich mühsam von seiner Hände Arbeit, die ihm oft genug von den fremden Eindringlingen vor dem Munde wieder weggenommen wurde. Es war kein Frieden und kein Krieg, aber ein Hinleben schlimmer als beide, durch welches das Volk in einem Zustand steter Ermattung und Schwäche gehalten wurde; es schwälte überall, aber es brannte nicht in demselben Verhältnisse.

Hierzu kamen noch die argen finanziellen Mißstände: Die unmittelbaren Reichsfürsten, die im westfälischen Frieden als souveräne deutsche Mächte vom Ausland anerkannt worden waren — natürlich in dessen Interesse, da es dadurch in den Stand gesetzt wurde, sich ewig in deutsche Angelegenheiten zu mischen — brauchten mehr Geld als ihr Land einbrachte und fielen, um sich nach außen hin größer aufzuspielen, auf den kleinen Mann zurück, der von nun an zu den früheren Lasten noch kostspielige Hofhaltungen und stehende Truppen zu bestreiten hatte.

Auf dem religiösen Gebiete war es am Schlimmsten. Wenn Katholiken und Protestanten nicht in offener Feindschaft mit einander lebten, so standen sie um so mehr im heimlichen Kriege einander gegenüber und suchten direkt und indirekt einander so viel Abbruch als möglich zu thun. Aber was noch schlimmer war, das war der Umstand, daß die Lutheraner und Reformirten einen viel erbittertern Krieg unter sich führten als gegen

Rom, und daß, nachdem ihnen die freie Ausübung ihres Bekenntnisses gesichert war, sie über alle Sekten mit einer Wuth herfielen, welche an Verbissenheit und theokratischer Verblendung ihres Gleichen sucht. Es war überall Kampf gegen Kampf, Krieg gegen Krieg, eine Unduldsamkeit förderte die andere und diejenigen Sekten, welche nicht rechtlich anerkannt waren, hatten natürlich am meisten unter diesen Gehässigkeiten zu leiden. Dazu kam nun der freche Grundsatz des „Cuius regio eius religio", so daß z. B. die Bewohner der Pfalz in weniger als einem Jahrhundert der fürstlichen Willkür zu Liebe vier Mal ihr Glaubensbekenntniß wechseln mußten.

Namentlich in den Rheingegenden hatten sich um diese Zeit verschiedene Religionsgemeinden gegen die herrschende protestantische Kirche gebildet. Von England kamen die Quäker ins Land, aus Holland zogen die Mennoniten vorzugsweise nach Crefeld und an den Niederrhein; am rechten Rheinufer von Neuwied bis in die Wetterau fanden die Täufer, die Schwärmer, Separatisten und später die Herrnhuter willkommene Aufnahme, und in Frankfurt a. M. trat gerade damals Philipp Jacob Spener mit seinem „Kirchlein in der Kirche" gegen den verknöcherten Buchstabenglauben hervor. Crefeld, Mülheim a. d. Ruhr, Neuwied, Berleburg und Büdingen waren und wurden für die bedrängten Sektirer die Zufluchtsorte, wo sie in Frieden leben und ihrem Gott in ihrer Weise dienen konnten.

Diese Unduldsamkeit und Verfolgungssucht beschränkte sich nicht auf Deutschland allein. Der allerchristlichste König von Frankreich rottete mit den grausamsten Mitteln seine Hugenotten aus und trieb sie einige Jahre nach der uns beschäftigenden Zeit durch den Widerruf des Edikts von Nantes ganz aus dem Lande. In England bedrängten die zurückgekehrten Stuarts, wo sie nur konnten, die Vorkämpfer der Revolution, namentlich die Puritaner und Quäker, warfen sie ins Gefängniß und schafften sie gewaltsam übers Meer. Diese harten Maßregeln vermochten aber den Feuereifer der Verfolgten nicht zu dämpfen, sondern fachten ihn im Gegentheil doppelt an. Beide Sekten, Puritaner und Quäker, standen auf der Höhe der Entwicklung ihrer Heimath und ihrer Zeit überhaupt. Während aber jene ebenso engherzig und grausam gegen ihre Gegner waren, als diese gegen sie, hatten die Quäker einen weitern geistigen Horizont und suchten, statt sich von der Welt abzusperren, auf diese Einfluß zu gewinnen und sie sogar zu sich herüberzuziehen. William Penn hoffte selbst den russischen Czaren und den polnischen König für seinen Glauben zu gewinnen.

Penn gilt mit Recht als der geistig bedeutendste Führer der Quäker und überhaupt als einer ihrer größten Männer. Er war der Sohn eines sehr hochstehenden reichen Mannes, eines angesehenen Admirals, welcher sich den Dank der Stuarts und Englands durch die Einnahme von Jamaica erworben hatte. Der Vater schickte seinen Sohn an den französischen Hof, damit er dort die Sitten der vornehmen Welt lerne. In England bewegte sich der junge Penn anfangs gern am Hofe und in der sogenannten besten Gesellschaft. Da auf einmal wurde er ein anderer. Er vertauschte Hofkleid und Hofdegen mit dem groben Rock und Wanderstab der Quäker, predigte eifrig ihre Lehre und ließ sich für seine Ueberzeugung ins Gefängniß werfen. Nach seiner Freilassung fing er von

Neuem an, öffentlich zu lehren und wanderte von
Neuem ins Gefängniß. Als er sah, daß es in
England unter den damaligen Verhältnissen sehr
schwierig sei, Propaganda zu machen, wandte er
seinen Blick nach dem Kontinente, zunächst nach
Holland, welches namentlich damals die Brücke
zwischen England und Deutschland bildete. Penn
beschloß also, die hier lebenden Gesinnungsgenossen
zu besuchen. Er machte die Reise dahin dreimal,
und zwar 1671, 1677 und 1683. Die Berichte
der ersten sind verloren gegangen, die über die
zweite aber ziemlich vollständig erhalten, ebenso
die über die dritte. Für uns ist die zweite Reise
Penn's von Bedeutung. Er ging damals von
Holland zuerst nach Friesland, zu den Mennoniten,
von da nach Westfalen, besuchte die Pfalzgräfin
und Fürstäbtissin Elisabeth in Herford, Tochter
Friedrich's, des Kurfürsten von der Pfalz, eine
sehr bedeutende Frau, mit welcher er in Brief=
wechsel trat, aber keine volle Uebereinstimmung
der Anschauungen erzielte. Von da reiste er weiter
über Paderborn, „eine finstere päpstliche Stadt",
und Kassel nach Frankfurt a. M. Hier trat er
in Verbindung mit den von ihren Gegnern so=
genannten Pietisten, den Anhängern von Spener,
und fand freundschaftliche Aufnahme bei ihnen,
wenn er auch in keine engere Verbindung mit
ihnen trat. Ein später angeknüpfter Briefwechsel
führte auch zu keinem nähern Verhältniß. Darauf
fuhr Penn nach Kriesheim, nicht weit von Worms,
wo eine kleine Quäkerkolonie blühte, an deren Spitze
ein alter tapferer Cromwell'scher Oberst, William
Ames, stand. Hier verweilte er mehrere Tage
und predigte verschiedene Male vor seinen Freunden.
Indem er sie zur Ausdauer ermahnte, schilderte er

ihnen den Frieden und die Ruhe, welche ihrer warteten, wenn sie der „europäischen Knechtschaft" den Rücken kehrten und in den Urwäldern Amerika's bei voller Religionsfreiheit ein thätiges und gottseliges Leben führten, wo keine fürstliche, keine pfarrherrliche Willkür sie in ihrem Thun und Treiben beschränke. Man denke sich die Verwunderung und Bewunderung der damaligen deutschen Unterthanen, als der vornehme Engländer begeistert und begeisternd ohne Furcht und Scheu ihnen das Evangelium einer neuen und bessern Zeit, die Botschaft der Brüderlichkeit und Verbrüderung aller Menschen verkündete, als er „das innere Licht", die eigene Ueberzeugung sogar über die Bibel stellte, ja vor den Zuhörern die ihnen damals ganz sonderbar ins Ohr klingende Lehre von „No cross, no king" begründete.

Von Kriesheim wandte sich Penn wieder nach dem Niederrhein, namentlich nach Duisburg und Mülheim a. d. Ruhr. Von seinem Aufenthalt in dieser Stadt erwähnt er in seinem Tagebuch eine Begegnung, welche den Mann charakterisirt und zugleich seinen mächtigen Einfluß auf die deutschen Freunde erklärt. In Duisburg hatte er unter Anderm von Dr. Maestricht erfahren, daß der Graf von Broich, in der Nachbarschaft von Mülheim, eine Tochter habe, welche sich für die quäkerische Lehre interessire. Penn machte sich natürlich sofort auf den Weg, sie zu besuchen. Während er sich mit der jungen Gräfin im Schloßgarten unterhielt, kam ihr Vater dazu. Dieser, ein roher Mensch, fuhr den Fremden mit der Frage an, wie er sich unterstehen könne, seine Tochter anzureden, und warum er vor ihm, dem Herrn, den Hut nicht abnehme. Penn antwortete kurz, mit Würde und

Ruhe, daß er vor Niemanden als vor Gott den Hut ziehe, erklärte seinen Besuch und nannte den Grafen nach Quäkerart „Du". Neue Erbitterung und Grobheiten des letztern, der es diesmal übrigens nicht wagte, nach gewohnter Weise den fremden Eindringling mit seinen Hunden aus dem Garten zu hetzen, sondern ihn ruhig seiner Wege ziehen ließ. Auf die Umstehenden verfehlte die Szene ihren Eindruck nicht, denn in solch ungezwungener Weise hatte noch Niemand gewagt, dem regierenden Herrn ungestraft entgegen zu treten.

In Crefeld ist Penn damals nicht gewesen, wenigstens erwähnt er kein Wort davon. Aber offenbar haben ihn die Crefelder Gesinnungsgenossen besucht, und da dort schon eine kleine Quäker= gemeinde bestand, die noch älter als diejenige der Mennoniten war, so hat er voraussichtlich Be= ziehungen zu ihnen angeknüpft und auch ihre Augen auf Amerika, als das Land ihrer Erlösung gerichtet.

Geistig standen Quäker und Mennoniten ohnehin einander schon nahe. Ueberhaupt stimmten die meisten dieser aus dem Protestantismus hervor= gegangenen Sekten mit den Quäkern in verschiedenen wesentlichen Punkten überein. So legten z. B. die Mennoniten den Schwerpunkt ihres Thuns und Glaubens in den Willen des Menschen zum Guten, in die Selbstüberwindung als den einzigen zum Heile führenden Weg. Sie suchten und fanden das Wesen der Religion nicht in der äußeren Form oder in theologischen Zänkereien, sondern in der Vertiefung und Verinnerlichung des Glaubens; nicht im Zwang, sondern in der Freiheit, nicht im Buchstaben, sondern in der Liebe. Wahrhaftigkeit und Einfachheit in Wort und That war der Grundsatz ihres Lebens. Die Reformation war für sie auf halbem Wege stehen geblieben und hatte keine Umwandlung im Innern des Menschen bewirkt.

Nach England zurückgekehrt drang Penn wiederholt in seine deutschen Freunde, ihrer gedrückten Lage dadurch ein Ende zu machen, daß sie nach Amerika auswanderten. Er hatte damals (1677) noch keine Besitzungen in Amerika, denn erst 1681 schenkte ihm der König Karl II. von England das spätere Pennsylvanien; eigentlich trug derselbe damit nur eine alte Schuld an den Sohn ab, die er dem Vater nicht bezahlt hatte. Penn zählte aber viele Freunde und Gesinnungsgenossen in den seiner spätern Kolonie benachbarten Niederlassungen in New-Jersey und hatte deren Angelegenheiten eine Zeit lang mitverwaltet. Als er die Landbewilligung erhalten hatte, lud er „Alle in ihrem Gewissen Bedrängten, alle Mühseligen und Beladenen der alten Welt" ein, sich in Pennsylvanien niederzulassen, und versprach ihnen volle Gewissensfreiheit und Gleichberechtigung jeder Ueberzeugung, ja selbst Religionslosigkeit und politische Selbstbestimmung. Dieses Versprechen hat er in der Folge auch dem Geiste und dem Buchstaben nach gewissenhaft gehalten. Außer mit seinen englischen Glaubensgenossen trat Penn auf dieses Programm hin auch mit seinen Frankfurter Freunden in geschäftliche Verbindung und verkaufte ihnen im Jahre 1682 erst 15,000, später noch 10,000 Acker Landes. Diese, unter ihnen der Jurist Schütz, der Notar Fenda, Jacob van de Walle, Maximilian Lerßner, Eleonore Merlau u. A. hielten damals mit Spener ihre Konventikel im Saalhof, der alten kaiserlichen Pfalz, und verhandelten hier die Frage des Ankaufs und der Uebersiedelung. Sie bildeten 1682 eine Gesellschaft, die Frankfurter Kompagnie; allein es ging von den Käufern in der Folge keiner nach Amerika. Warum der Plan später nicht von ihnen, sondern von den Crefelder Quäkern ausgeführt wurde, darüber ist nichts Näheres bekannt; denn ganz unvermittelt und plötzlich heißt es in den Verhandlungen, welche durch Penn's Agenten in Rotterdam, Benjamin Furly, geführt wurden, daß statt der Frankfurter „unsere lieben Crefelder Freunde bald hinüber gehen würden".

Genau bekannt dagegen ist der Mann, welcher schon von den Frankfurtern zu ihrem Vertreter in Amerika ernannt worden war, und später auch die Crefelder Ansiedler führte, ein edler und bedeutender Charakter, Franz Daniel Pastorius aus Sommerhausen in Franken. Seine Familie war ursprünglich katholisch und stammte aus Erfurt. Der Großvater Martin war Assessor bei dem kurmainzischen Ehegericht daselbst und floh nach Mainz, als die Schweden 1631 die Stadt nahmen und plünderten. Unterwegs aber fiel er den Feinden in die Hände, wurde „nackend von ihnen ausgezogen und mit Schlägen derartig traktirt, daß er innerhalb wenig Wochen seinen Geist aufgab". Der Vater Melchior Adam Pastorius, am 21. September 1624 geboren, war also bei diesem Verlust erst sieben Jahre alt. Die völlig mittellose Mutter gab ihn in die Schule der Erfurter Jesuiten, von wo er zunächst nach Würzburg und 1644 zu seiner weitern geistlichen Ausbildung nach Rom ging. Auf seinen Reisen berührte er Frankreich, die Schweiz, Oesterreich und durchzog Italien. In Paris befand er sich während des Kriegs der Fronde und erlebte manches gefährliche Abenteuer. Gegen 1649 nach Deutschland zurückgekehrt, wurde er während seines Aufenthalts in dem genannten, dem Grafen

Schenk von Limpurg gehörigen Dorfe Sommerhausen in Franken Protestant und Jurist und verheirathete sich noch 1649. Das einzige Kind dieser seiner ersten Ehe war unser Held Franz Daniel Pastorius, geboren in Sommerhausen den 26. Sept. 1651. Im Jahre 1658 zog der Vater als Rechtsanwalt nach Windsheim in Franken, wo der Sohn den Schulunterricht genoß. Dieser besuchte darauf die Universitäten Altdorf 1668, Straßburg 1670 und Basel 1672, wo er sich der Jurisprudenz widmete, und kehrte im November 1672 nach Windsheim zurück. Bis zu seiner 1679 erfolgten Uebersiedlung nach Frankfurt a. M. besuchte er verschiedene Gerichte und Universitäten wie Regensburg und Jena, „um die jura publica zu cultiviren", und promovirte 1676 in Altdorf. In Frankfurt fing der junge Doctor an „ein wenig zu practiziren", trat aber, da es eben mit der Praxis nicht ging, 1680 als Hofmeister des Junkers Johann Bonaventura von Rodeck die sogenannte große Tour, eine Reise durch Holland, England, Frankreich, Schweiz und einen Strich Hochdeutschlands an. Reich an Erfahrungen und neuen Anschauungen kehrte Pastorius im November 1682 nach Frankfurt zurück. „Weilen ich nun alda von meinen Bekannten im Saalhof (Philipp Jakob Spener, Dr. Schütz, Notar Fenda, Jakob van de Walle, Maximilian Lerßner, Eleonore von Merlau, Marie Juliane Baurin u. A.) Pennsylvanien zum öftern sehr rühmen hörte und verschiedene Relationsschreiben davon zu lesen kriegte, auch bereits einige Gott fürchtende Menschen sich dorthin zu transportiren entschlossen, entstund eine nicht geringe Begierde in mir, in ihrer Gesellschaft mit überzusiedeln und daselbst, nach überdrüssig gesehenen und gekosteten europäischen Eitelkeiten, nebenst ihnen ein still und christlich Leben zu führen. Verehrte und schickte dero wegen meine Bücher u. s. w. an meinen Bruder Johann Samuel und erlangte endlich nach mehrmaliger Briefwechslung meines verehrten Vatters Verwilligung, sammt 250 Rthlr., worauf ich dann nach Kriesheim reisete und mich sofort ganz reisefertig machte."

Pastorius verließ also Frankfurt am 2. April 1683, kam am 11. nach Uerdingen und ging von da zu Fuß nach Crefeld. Hier verhandelte er mit den Gebrüdern op de Graeff und Tönis Küners, welche ihm sechs Wochen später übers Meer folgten. Dann fuhr er über Rotterdam nach London und traf hier die Vorbereitungen für seine Reise, die er mit einigen Begleitern am 6. Juni im Schiff „Amerika" antrat, worauf er in Philadelphia am 20. August landete.

Die Crefelder kamen etwas verspätet in Gravesend an und fuhren erst, wie Eingangs bemerkt, am 24. Juli mit dem ihnen von James Claypoole in London, einem Quäker und ihrem Reisegefährten, gecharterten Schiff „Concord" nach Pennsylvanien ab. Sie waren durchaus keine armen Leute oder Abenteurer, allein auch sie suchten in ihrer Flucht aus dem heimischen Elend das was sie zu Hause nicht gefunden hatten, Gewissensfreiheit und eine Heimstätte, welche sie durch eigene Arbeit aufbauen und verschönern konnten. Die Namen dieser dreizehn Einwanderer und Familienväter lauteten: Abraham, Dietrich und Hermann op de Graeff, drei Brüder, (sprich Graf), Leonhard Arets, Abraham Tünies, Reinhard Theisen, Wilhelm Strepers, Peter Kuirlis, Johann Bleikers, Jan Lutzken, Tünis (d. h. Anton) Künders, Jan Simens, letztere zwei aus Glad=

bach gebürtig, und Jan Lenſen, aus Rheydt gebürtig, aber ſämmtlich Crefelder Bürger. Außer dieſen Männern kauften unmittelbar von Penn Jakob Sellmer, Johann Strepers und Dirk Sipmann, ebenfalls aus Crefeld, je 5000 Acker, Godert Remckes, Leonhard Arets und Jakob Iſaac van Bebber je 1000 Acker, zuſammen 18,000 Acker. Hierzu kamen von den Frankfurtern 25,000 Acker und 5350 Acker für die neuanzulegende Stadt Germantown, alſo zuſammen 48,350 Acker, die zum Preiſe von einem Schilling (1 Mark) pro Acker in den Beſitz der deutſchen Auswanderer-Geſellſchaft in Pennſylvanien übergingen. Die Frankfurter verkauften etwa innerhalb eines Jahrzehnts den Crefeldern ihren Antheil, ſo daß dieſe das verkaufte Land bald allein eigen beſaßen.

Paſtorius, als der Leiter der jungen Anſiedlung, ließ die erſten Hütten bauen, entwarf die ſtädtiſchen Verordnungen und führte das heute noch vorhandene Stammgrundbuch, welches auch jene Namen auf die Nachwelt gebracht hat. Mit derſelben Umſicht traf er auch die erſten Gemeindeeinrichtungen, nannte die drei Bezirke des werdenden Ortes nach deſſen erſten Anſiedlern und ſeinem eigenen Geburtsorte Crefeld, Kriesheim und Sommerhauſen, war abwechſelnd Friedensrichter und Bürgermeiſter, Notar und Lehrer, blieb aber immer der geiſtige Führer ſeiner Landsleute und vermittelte namentlich klug und verſtändig zwiſchen ihnen und den engliſchen Kolonialbeamten. Penn ſchätzte ihn ſehr hoch und nannte ihn „nüchtern, rechtſchaffen, weiſe und fromm, einen Mann, der allgemein hochgeachtet wird, und ſich des unbeſcholtenſten Rufes erfreut." Penn's einflußreicher Sekretär Philipp Theodor Lehnmann, Sohn des sächsischen Generalpächters Johann Georg Lehnmann, machte mit ihm „vertrauliche Bruderschaft". Pastorius war nicht allein ein hochgebildeter und für seine Zeit gelehrter Herr, der sich vortrefflich auf seine alten Klassiker und die Mathematik verstand, ja sogar in lateinischer Sprache recht artig dichtete und bald korrekt Englisch sprach, sondern, was der kolonialen Ursprünglichkeit gegenüber noch viel schwerer wog, ein durch und durch praktischer Mann, dabei unabhängig und uneigennützig, stets hülfsbereit und mit seiner reichen Lebenserfahrung Jedem gefällig, der seine Dienste in Anspruch nahm. Als gesunder Mensch war er kein Kopfhänger, sondern liebte auch den heitern Lebensgenuß, verabscheute jede Heuchelei und verlor selbst unter den schwierigsten Verhältnissen nie den Muth. Seine oft wiederkehrenden, in pietistischer Weise resignirten Klagen über Welteitelkeit, Mangel an Nächstenliebe und Gottlosigkeit stehen mit seinem Wesen durchaus nicht im Widerspruch; sie ertönen eben in der Sprache der ernsten Menschen jener geist- und ideenlosen Zeit, welche von dem gemeinen Treiben der Welt angeekelt, sich am Liebsten in die Einsamkeit zurückzögen. Solche Anwandlungen waren indessen bei Pastorius von kurzer Dauer. Er konnte nicht ruhen, denn er mußte überall mit eingreifen und wirken, vielleicht gerade weil er fühlte, daß er zum Führer, zum Herrscher geboren war. Was er verlangte und that, das traf immer den Nagel auf den Kopf. Er zauderte nie und fand stets willigen Gehorsam. Pastorius war mit einem Wort ein Mann, der alle für seine Stellung nöthigen guten Eigenschaften in sich vereinigte, — für die Anfänge der jungen Niederlassung ein ungewöhnlich seltenes Glück. Natürlich waren diese Anfänge klein und erbärmlich. Die armen Leute wohnten im ersten Winter in elenden Hütten und nannten mit Galgenhumor ihr Germantown nur Armentown. Pastorius' Keller, der einzige Ort, der gegen den Regen geschützt war, diente Anfangs zu Berathungen. Aber wie der Frühling herankam und man das Feld bebauen konnte, wurde es viel besser, und nach einigen Jahren begann schon ein bedeutender Aufschwung sich bemerkbar zu machen. Jede derartige neue Niederlassung ist zu allen Zeiten und unter allen Zonen in ihrer allmäligen Entwicklung vom äußersten Mangel bis zur verhältnißmäßigen Behaglichkeit und Fülle eine Robinsonade im Großen gewesen und hat stets die Anstrengung aller Geistes- und Körperkräfte des Ansiedlers herausgefordert. Pastorius, welcher bis an seinen zu Ende 1719 erfolgten Tod der treue Berather und uneigennützige Vertreter der jungen Gemeinde blieb, hatte sich wie die meisten Deutschen den englischen Quäkern angeschlossen, und erfreute sich bei ihnen desselben Ansehens wie bei seinen Landsleuten.

Er hatte am 26. November 1688 Anna, die Tochter des Arztes Dr. Johann Klostermann aus Mülheim a./Ruhr geheirathet und aus dieser Ehe zwei Söhne, deren Nachkommen das Geschlecht des tapfern Pioniers bis auf die Gegenwart fortgeführt haben. Wie reizend sind die kurzen aber herzlichen Briefe, welche die Enkel auf Veranlassung des Vaters mit dem bis 1702 in Windsheim lebenden Großvater wechseln, mit welch' einfachen, aber packenden Worten schildert der letztere die Greuel des dreißigjährigen Krieges, und wie wohlthuend stechen davon die Erzählungen der unschuldigen Jungen vom väterlichen Hause und von

dessen Obstgarten ab. In Europa Mord und
Todtschlag, Brand und Vernichtung, — im stillen
Hinterwalde dagegen die Ruhe und der Frieden
eines beschränktern aber menschlichern Daseins.
Dazu denke man sich nun die Erzählungen des
stets mittheilsamen Vaters über das Leben in Paris
und Marseille, in Lyon und Genf, in Italien
und in den deutschen Hauptstädten, welche Franz
Daniel besucht und kennen gelernt hatte. Es sind
allerdings nur drei Generationen, die uns da ent=
gegentreten; aber wie grell sind die Lichter vertheilt.

Es ist übrigens kaum glaublich, wie viel Zeit
Pastorius bei seiner vielseitigen Beschäftigung noch
für die Schriftstellerei erübrigte. Er hinterließ,
wie Oswald Seidensticker auf S. 88 seines vor=
trefflichen Schriftchens „Die erste deutsche Ein=
wanderung in Amerika" Philadelphia 1883 be=
richtet, handschriftlich einen Folianten, 14 Quar=
tanten, 22 Oktav= und Duodezbände, beiläufig
bemerkt so eng und zierlich geschrieben, daß ein
Vergrößerungsglas bei der Entzifferung gute Dienste
leistet. Nur wenige dieser Bücher sind einer lieb=
und sorglosen Zerstörung entgangen, aber die Titel
sind in einem von Pastorius selbst angefertigten
Verzeichniß erhalten und geben über deren Inhalt
einigen Aufschluß. Es waren theils Handbücher
über Lehrgegenstände (Arithmetik, Geometrie, La=
teinisch, Französisch), theils Abhandlungen praktischer
Art (Landbau, Obst= und Bienenzucht, Fischerei,
Gesetze, Recepte u. dergl.), theils theologische und
ethische Schriften, theils rein literarische Versuche.
Ein Oktavband, die „Phraseologia Teutonica,
Krafft und Safft der Teutschen Heldensprache",
ein Handbuch der Synonymik, hat sich erhalten.
Auch der oben erwähnte Foliant existirt noch.

Schon der Titel ist ein Kuriosum. Anfangend mit den Worten: "Francis Daniel Pastorius his Hive, Beestock, Melliotrophium, Alucar or Rusca apium" verläuft er durch allerlei sentenziöse und epigrammatische Wendungen, Mottos ꝛc. in ein bizarres Gedankengeträusel, wozu sich Englisch und Latein friedlich die Hand reichen.

Man weiß nichts Gewisses über die letzte Ruhestätte des hochverdienten Pioniers der deutsch-amerikanischen Einwanderung. Er ist aber höchst wahrscheinlich auf dem alten Quäkerkirchhof von Germantown begraben. Er, dessen „Streben die Liebe und dessen Leben die That war", ist unter seinen Landsleuten so gut wie vergessen, ja er wäre der Mitwelt kaum noch dem Namen nach bekannt, wenn nicht Herr Oswald Seidensticker in Philadelphia, der Sohn des deutschen Patrioten aus Göttingen, pietätsvoll Pastorius Spuren nachgegangen wäre und uns durch seine sorgsamen Nachforschungen in den Stand gesetzt hätte, wenigstens die Hauptmomente seiner segensreichen Thätigkeit zu verfolgen.

Die Beschreibung Pennsylvaniens, zu welcher dieser Aufsatz die erläuternde Einleitung bildet, bringt übrigens nur eine Zusammenstellung von Briefen des Sohnes Franz Daniel, welche der Vater Melchior Adam zusammenlas und ohne jede Redaktion in die Druckerei schickte. Gleichwohl ist die Sammlung aus dem Grunde so werthvoll, daß sie Thatsachen und wenig Betrachtungen bringt, wodurch sie einen klaren Blick in die erste Geschichte dieser von Crefeldern begründeten Niederlassungen gewährt. Das Büchlein ist nur noch in Bibliotheken vereinzelt zu finden und deshalb wenig gekannt; um so mehr also war sein neuer

Abdruck gerechtfertigt. Natürlich ist dieser mit der größten diplomatischen Treue erfolgt und sowohl in den Schriften als in der Seitenzahl dem Original möglichst eng angepaßt. Der einzige Zusatz, welchen sich die Herausgeber gestattet haben, besteht in der deutschen Uebersetzung des auf Seite 62 stehenden lateinischen Gedichtes „de Mundi Vanitate". Sie wird dem Leser um so willkommener sein, als der Uebersetzer, Herr Direktor Dr. Ed. Schauenburg in Crefeld, den Ton und die Weise des Originals ganz vortrefflich wieder gegeben hat.

Um übrigens noch einmal zu den ersten Crefelder Ansiedlern zurück zu kehren, so kamen noch im Laufe der nächsten Jahre nach 1683 verschiedene Mülheimer (Mülh. a. d. Ruhr), darunter Wigand und Gerhard Levering, Heinrich Klostermann, der spätere Schwiegervater von Pastorius, Johann Jakob Klumpges, Dirk van Kolck, Hendrick Sellen, Isaak Schaffer, Eberhard In dem Hof, Lewin Halberdinck, Johann Lindermann, Johann Rebenstock, Philipp Christian Zimmermann und Michael Renberg mit zwei Söhnen, denen sich später noch andere aus Kriesheim anschlossen, wie Johann Kassel, H. Papen und Garett Hendrichs. Die Namen mancher der also auswandernden Männer haben sich bis auf den heutigen Tag erhalten, ja man findet sie drüben noch in den höchsten Stellungen. So gibt es nicht weniger als drei Kongreßabgeordnete Hendrichs als Vertreter von Wahlbezirken in den Staaten Pennsylvanien, Ohio und Iowa, welche die Nachkommen des damals Ausgewanderten sind. Die van Bebber, eine andere Familie, welche zur zweiten Auswandererschaar gehörte, wurden bald bedeutende Kaufleute, die sich in Philadelphia niederließen, das sich natürlich schneller entwickelte als Germantown. Ihre Enkel und Urenkel haben die höchsten Stellungen mit Ehren eingenommen und sind jetzt als Kaufleute, Geistliche und Officiere im ganzen Lande zerstreut.

Die ersten Auswanderer haben noch länger als ein halbes Jahrhundert hindurch mit der alten Heimath im lebhaftesten Verkehr und enger Verbindung gestanden und Hunderte, ja Tausende von Landsleuten, namentlich von ihrer Sekte, ins neue Land sich nachgezogen. Auch indirekt wurde durch sie der Strom der Auswanderer von Jahr zu Jahr größer. Es beweist das u. A. der ausführliche Brief eines Crefelder Leinewebers, Jakob Naas, der später in Amerika bei den Tunkern Pfarrer wurde. Dieser Naas wanderte 1733 aus, also gerade 50 Jahre nach der ersten Auswanderung, und hat nicht allein volle Kenntniß von den Dingen, die in Crefeld passirten, sondern gibt auch Nachricht von den Schicksalen derjenigen Landsleute, die in Germantown wohnten. Auf seinen Brief hin wanderten viele Crefelder Glaubensgenossen vom Niederrhein nach Pennsylvanien. Diese Kolonie wurde durch solchen Nachschub bald ebenso reich an Sekten, wie es zu jener Zeit Deutschland schon war.

Ein Hauptverdienst, das sich die Crefelder in ihrer neuen Heimath erwarben, waren ihr Fleiß, ihre häusliche Tüchtigkeit und ihr Fernhalten von allen politischen und religiösen Streitigkeiten, sowie das gute Beispiel eines innigen und vortrefflichen Familienlebens. Sie wollten einfach für sich leben, nach ihrer Façon selig werden und ließen auch die Indianer unbehelligt; allein dabei vergaßen sie nie die Pflichten, welche sie dem von ihnen mitbegründeten Gemeinwesen schuldeten. Nur ein einziges Mal haben sie sich in die Politik gemischt, nämlich bald nach ihrer Landung im Jahre 1688, und zwar in einer hochwichtigen Angelegenheit.

Sie erhoben damals schon ihren entrüsteten Protest gegen den Fluch der Sklaverei in so beredten Worten, wie sie selbst heut zu Tage nicht besser gesagt werden könnten. Pastorius hatte das Dokument entworfen, Abraham und Dietrich op de Graeff, sowie Garett Hendrichs hatten es unterzeichnet. Ihre amerikanischen Glaubensgenossen erklärten indessen den Schritt für unpraktisch, für „inopportun", und traten ihm erst dreißig Jahre später bei. Allein die Verzögerung schmälert nicht das Verdienst unserer Landsleute, welche sogar früher als die Puritaner ihre Stimmen erhoben und das Uebel, an welchem das Land noch fast zweihundert Jahre kranken sollte, gleich anfangs in seinen verderblichen Folgen erkannten. „Thut einem Anderen niemals, was ihr nicht wollt, daß euch geschehe" — führten sie aus — „also: verkauft keinen Menschen als Sklaven und behandelt ihn nicht wie die Türken. Wenn ihr für die Freiheit des Geistes eintretet, dann seid auch so konsequent, die Freiheit des Leibes zu verbürgen. Wenn ihr die Sklaverei beibehaltet, so werden die Einwanderer nicht mehr zu uns herüberkommen, und das Mißtrauen der Welt wird der Entwicklung der Kolonie schaden."

Viel höher aber als diese ruhmeswürdige That steht der Geist, von welchem beseelt die Crefelder Einwanderer die Ideen Penns in ihrem eigenen Kreise und nach Außen hin verwirklichen halfen. Pennsylvanien war die erste Kolonie, in welcher unbedingte Gewissensfreiheit, vollkommene Gleichheit politischer und bürgerlicher Rechte, unverbrüchliche

Achtung der persönlichen Freiheit und volle Anerkennung der Vermögensrechte die leitenden Grundsätze der Regierung bildeten, während die Wahrung dieser Rechte vom allgemeinen Volkswillen abhängig gemacht wurde. Das war ein kolossaler Fortschritt über die Anschauungen und Vorurtheile selbst der sonst fortgeschrittensten Kolonien hinaus. Sogar in Massachusetts wütheten die Puritaner gegen alle Andersgläubige, gegen Quäker, Katholiken und Anabaptisten, hielten Ketzer- und Sittengerichte, verbrannten, verstümmelten oder vertrieben die Quäker und übertrafen selbst den Katholizismus an Unduldsamkeit und Verfolgungswuth. Nur in Pennsylvanien lebten alle Sekten und Bekenntnisse friedlich neben einander, denn hier hatte Penn den Grundstein für den freien, vom Glaubenshaß nicht vergifteten Staat gelegt. Die Crefelder aber folgten mit voller Ueberzeugung ihrem Meister als treue Gehülfen und traten durch die That für dessen unsterbliche Schöpfung ein. So haben sie denn auch ihren vollen Antheil an der Errichtung des modernen Kulturstaates, den die heutige amerikanische Union zuerst in's Leben rief, den bei uns große Fürsten wie der alte Fritz vorbereiten halfen, den unsere Dichter und Denker für die Herzen und Köpfe der Menschen eroberten, und den zu beseitigen sämmtliche Dunkelmänner der Welt nicht stark genug sind. Auf dem jetzt in Fleisch und Blut der Völker übergegangenen großen Grundsatz der Gedankens- und Gewissensfreiheit beruht nicht allein die Verfassung der Vereinigten Staaten von 1788, sondern auch die weltgeschichtliche Stellung und Bedeutung des deutschen Reiches, ruht die Bildung und Gesittung jedes Kulturvolks überhaupt. Das von Penn und seinen Genossen in die Wildniß gepflanzte Samenkorn ist, wenn auch erst nach hundert Jahren, herrlich aufgegangen. Wegen dieser ihrer That stehen die Crefelder, mag ihre Stellung im Leben noch so bescheiden gewesen sein, wie an der Spitze großer kolonialer Anfänge, so auch mitten in der weltgeschichtlichen Entwicklung und zugleich in der lebendigen Gegenwart.

Der Theil einer Gemeinde, welcher aus dem Vaterlande scheidet, trägt natürlich die sittlichen und wirthschaftlichen Anschauungen, in welchen er aufgewachsen ist, mit sich in die Fremde. Dieses thaten auch die auswandernden Crefelder. Was sie im elterlichen Hause und in ihrer Geburtsstadt in sich aufgenommen hatten, das hegten und pflegten sie treu in der neuen Heimath. Darum ist ihre Ehre auch heute noch die Ehre der Nachkommen der daheimgebliebenen Crefelder und Landsleute überhaupt. Darum haben auch die Mutterstadt und das weitere deutsche Vaterland das Recht, einen Theil der Verdienste und Erfolge der Germantowner Ansiedler für sich in Anspruch zu nehmen. Aus diesem Grunde wollen wir dankbar und stolz unser Recht an jenen deutschen Pilgervätern wahren und sie, wie sie es verdienen, hochhalten und ehren. Sie sind unser und werden unser bleiben. Sie haben ihre Schuldigkeit vollauf gethan; thun wir auch die unsrige!

Berlin, 1. Dezember 1883.

Friedrich Kapp.

Umständige Geographische Beschreibung

Der zu allerletzt erfundenen

Provintz PENSYLVANIÆ,

In denen End-Gräntzen AMERICÆ In der West-Welt gelegen/

Durch
FRANCISCUM DANIELEM PASTORIUM,
J. V. Lic. und Friedens-Richtern daselbsten.

Worbey angehencket sind einige notable Begebenheiten / und

Bericht-Schreiben an dessen Herrn
Vattern
MELCHIOREM ADAMUM PASTORIUM,
Und andere gute Freunde.

Franckfurt und Leipzig/
Zufinden bey Andreas Otto. 1700.

An den geneigten Leser.

Ich stelle dir allhier vor die in America / durch des Englischen Königs Caroli Stuards des ersten ausgesandte Schiffarten letztmals erfundene Provintz Pensylvaniam / und deren Innwohnere / sowohl an Christen / als natürlichen wilden Leuten / samt beederseits Gesetzen / Regiments-Form / Sitten und Gebräuchen auch allbereits angelegten Städten und Kaufmannschafften. Glaubwürdigst beschrieben / sowohl von des Landes Gouverneurn William Penn selbsten / als auch durch die darinn bevollmächtigte Gewaltshabere deren Englisch- und Hoch-Teutschen Societäten.

An den geneigten Leser.

Und ist wohl zu mercken / daß diese Provintz allbereits in Anno 1684. schon 4000 Christen Seelen in sich gehabt / gefolglich nach Verfliessung nunmehr 16. gantzer Jahr / sowohlen durch jährlich hineingekommene Schiffarten / als auch durch derer Christen selbsteigene Propagation viel volckreicher und herrlicher an Agricultur / Häusern auch Handelschafften müsse empor gebracht worden seyn. Sonderlich durch die preißwürdige Vigilantz / gute Conduite und kluge Anschläge deß obgedachten Gouverneurs / William Penns / deme der Englische König Carolus Stuardus II. diese Landschafft auff ewig geschencket / doch als ein Englisches Lehen / gegen jährlicher Recognition 2. Bieber. Wie alles in seiner Ordnung weitläufftiger zu vernehmen seyn wird.

Der Leser gehabe sich wohl / deme auff weitere Berichts=Einlangung weiters zu dienen bereit bin.

NB. Dieses empfieng der Verleger aus der Hand Melchioris Adami Pastorii J.V.D. Hoch=Fürstl. Brandenb. Raths und Historici. Dessen Sohn noch würcklich in Pensylvania wohnhafft lebet.

Vor

Vorrede.

Es ist denen Meinigen insgesamt zur Genüge bekannt auf was Weise ich von meinen Kindes-Beinen an/ nach abgelegten Kinder-Schuhen auf den Wege dieser Zeitlichkeit meinen Lebens-Lauff gegen die frohe Ewigkeit zu/ eingerichtet/ und in allem meinem Thun dahin getrachtet habe/ wie ich den allein guten Willen GOttes erkennen / seine hohe Allmacht fürchten / und seine unergründliche Güt und Barmhertzigkeit hertzlich lieben / loben und ehren lernen möchte. Und obwohlen ich nebst andern gemeinen Wissenschafften der freyen Künste/ das Studium juris feliciter begriffen und absolviret. Danebens die Italiänische und Frantzösische Sprachen zur Genüge mir bekannt gemacht/ darauff den sogenannten grossen Tour mit guter Gesellschafft durch die Landschafften gethan.

Vorrede.

than. So habe ich jedoch an allen Orten und Enden meinen grösten Fleiß und Bemühung an anderst nichts gewendet / als eigentlich zu erfahren / wo und bey welchen Menschen und Nationen doch eine wahre Devotion, Liebe / Erkänntnuß und Forcht GOttes anzutreffen und zu erlernen seyn möchte. Ich fande auff Universitäten und Academien der gelehrten Leuthe Anzahl fast ohne Zahl / aber so mancherley Köpff / so mancherley Religionen und Secten / hochgeführte Sinnen und spitzige Quæstiones, in Summa / es war von der eitelen Welt=Weisheit ein so grosses Gespräch und Gepränge von welchen der Apostel spricht: Scientia inflat.

Aber daß ich an einigem Ort in Niderland und Franckreich einen Professorem solte gesehen haben / der von gantzem Hertzen eines Knabens und Discipuls Seele solte zu der reinen Liebe JEsu und zur Erkantnus der heiligen Dreyfaltigkeit mit Ernst angewiesen haben / daß kan ich mit gutem Gewissen nicht von mir schreiben.

An Maul= und Namen=Christen / die mit Welt=Witz aufgeblasen umher gehen / und Fleisches=Lust / Augen=Lust / und hoffärtiges Wesen (des Teuffels Trifolium

Vorrede.

folium) liebhaben / ist zwar kein Mangel. Aber die da mit Forcht und Zittern ihre Seeligkeit zu würcken gedächten / ohne Betrug lebeten / und mit allen Seelen-Kräfften in ihr Centrum, in GOtt das allerhöchste Gut eindringeten / da war rara avis in terris.

Ich fande doch endlich in der Universität Cambrige und in der Stadt Gend einige heimlich latitirende / dem lieben Gott von gantzem Gemut resignirte und ergebene Männer / welche auf verspürte meine ernstliche Nachforschung / mir viel gute Lehren beybrachten / und mich in meinem Vorsatze sehr besteiffeten / auch sonsten mir an Hand giengen / daß mir in dem printzlichen Hofe zu Gend des glorwürdigsten Kaysers Caroli V. Geburts-Stuben (so mur 4. Elen lang 4. Elen weit ist) gezeiget wurde / mit der Erinnerung / wie diesem neu-gebornen Printzen von einem seiner Tauff-Pathen eine kostbar gebundene Bibel mit der guldenen Uberschrifft: Scrutamini scripturas, seye eingebunden worden / die er auch fleissig gelesen / und daraus erlernet / daß er auf das allein gültige Verdienst JESU Christi sterben müsse.

)(4   Ich)

Vorrede.

Ich sahe ferner in diesem meinem Tour zu Orleans/ Paris/ Avignion, Marseille, Lyon und Geneve viel tausend junge Personen aus Teutschland / meistens vom Adel/ die da im Gebrauch haben nur denen Eitelkeiten der Kleidungen / Sprachen / frembden Sitten und Ceremonien nachzuziehen / und in Erlernung des Pferd-Hupffens / Reutens / Dantzens / Fechtens / Piquen- und Fahnen-Schwingens unglaubliche Depensen machen. Also daß ein groß Stuck ihres Teutschen Patrimonii an die unnütze Welt-Eitelkeit verwendet/ darbey aber an die Liebe Gottes/ und an die Gott-wohlgefällige Klugheit der Nachfolgung Christi nicht ein einiges mahl gedacht wird; Ja wer von des heiligen Augustini, Tauleri, Arndii, und anderer Gottes-gelehrten Männer Schrifften und Soliloquiis cum Deo etwas reden will/ der muß für einen Pietisten / Sectirer und Ketzer ausgeschryen werden; und will sich kein in der Aristotelischen Welt-Weisheit ertrunckener Mann mehr einreden/ noch von dem Geiste GOttes straffen lassen.

Derowegen setzte ich mich nach Endigung meines Tours in mein Cabinet in eine

Vorrede.

eine kurtze Retirade, und revocirte mir in mein Gedächtnuß alles das / was bißhero dieses Welt=Theatrum mir vor die Augen gestellet hatte / und konte in keinem Dinge eine beständige Vergnüglichkeit finden / desperirte auch / daß in meinem Vatterlande / und gantz Teutschland einiger Ort für künfftige würde erfunden werden / in welchem man von der alten Gewonheit des blossen Operis operati abtretten / und die reine Liebe zu GOTT aus gantzem Hertzen / aus gantzen Gemüte und aus allen Kräfften antretten / auch den Nächsten lieben würde wie sich selbsten.

Gedachte also bey mir / ob es nicht besser wäre / daß ich die von dem höchsten Geber / und Vatter des Liechtes mir aus Gnaden geschenckte Wissenschafft zum guten denen neu=gefundenen Americanischen Völckern in Pensylvanien vortragen / und dieselbe hierdurch die wahre Erkäntnuß der heiligen Dreyfaltigkeit / und des wahren Christenthums theilhafftig machen thäte.

Weilen aber die Provintz und Landschafft Pensylvania an denen End gräntzen Americæ sich situiret befindet / so muß noth=

nothwendig zuvor etwas weniges von von der Repartition der Welt-Kugel und in specie von gantz America (als den vierten Theil der Welt) præmittirt und gemeldet werden. Die Welt-Kugel zertheile ich in 4. Theile: der 1. ist Europa/ worinnen Hispanien / Franckreich / Welschland / Griechenland / Teutschland / Hungarn / Dalmatien/ Croatien / Sclavonien/ Bulgarien/ Moscau/ Pohlen/ Dennemark/ Schweden / Engeland / Irrland / Schottland / Holland/ ꝛc. Dieser Theil ist unter denen andern der kleineste aber wegen der Künst u. Christl. Religion der berühmste.

Der 2. Theil ist Asia/ ligt von Europa ab gegen Morgen oder Osten/ und ist fast so groß als Europa und Africa zusammen. In diesem Welt-Theile ist das Paradeis gestanden / und Adam erschaffen worden/ und war auch das gelobte Land Canaan darinnen / wo die Alt-Vätter Abraham/ Isaac und Jacob gelebet haben/ es begreiffet auch in sich Arabien / worinnen der Berg Sinai / darauff GOtt dem Mosi das Gesetz gegeben hat. In Asia befindet sich auch Syria/ Judäa/ Galiläa/ Babylon / und Ninive. Item gehört darzu Ost-Indien/ Tartaria und China/ so das euß-

eusseriste Land gegen Osten ist/ und von denen benachbarten Landschafften abgesondert wird/ theils durch sehr hohe Berge/ theils durch eine 400. Meilwegs lange Mauren.

Der dritte Theil ist Africa von Europa gegen Mittag abgeschnitten durch das Mittelländische Meer/ von Asia aber durchs rothe Meer. Es ist ein sehr heisses unfruchtbares/ und theils unbewohntes Land/ voller giffteten Thiere. Darinnen ligt Egypten/ Barbarien und das Land des Priesters Johannis.

Der 4. Welt=Theil ist America/ oder so genannte neue Welt/ welche A. Ch. 1492. von Christophoro Columbo eines= und andern theils von Vesputio Americo erfunden/ und von diesem letzten America benamset worden. Sie ligt von Europa gegen Niedergang oder Westen/ und ist das grösseste Theil der Welt=Kugel/ ja fast so groß als die gantze alte Welt/ Europa/ Asia und Africa zusammen. Und dieses ist das Land darinnen Gold/ Silber/ Edelgesteine/ Zucker/ Gewürtz und mancherley Raritäten überflüssig zu befinden sind/ wie die jährlich daraus kommende Silber=Flotten uns dessen klare Zeugnus geben.

Vorrede.

Uber diese vier erst gemeldte Hauptheile des Erdkreises befinden sich zwar auch die kalten Länder gegen Norden und Mitternacht: als Gronland / Neu = Zembla / Ysland / ꝛc. Item das grosse unbekannte Sud = Land / sonst Magellanica genannt / welches ferne nach dem Mittage hinweg nach dem Sud = Pol gelegen / darein sich biß dato noch niemand hat begeben dörffen/ des Nachts scheinet es/ als wann die gantze Gegend in vollem Feur stünde.

Weilen aber mein Propositum für dieses mahl ist / nur von Pensylvania dem letztern Antheil Americæ zu schreiben/ so schreite ich zu der Sache selbsten.

Der Vierdte Welt-Theil America wird von mir in zwey Haupt-Theile unterschieden.

Deren Ersterer gegen Mittag in sich begreiffet:

1. Castiliam de l'Oro, worinn die Provinz Papayan, nova Granada, Chartagana, Vona, Zola, nova Andaluzia, Paria.
2. Die Landschafft Guianam, denen Holländern zuständig. Wovon sie Anno 1669 einen Antheil zwischen denen Flüssen de Paria, und Rio de los Amazones gelegen/ dem Grafen von Hanau als ein Feudum haben verleyhen wollen.
3. Die Landschafft Brasiliam, denen Portugesen zuständig. Worinnen die Stadt S. Salvator, Olinda, und Phernambuca.
4. Die Landschafft Chili.
5. Die Landschafft Peru, in deren Haupt-Stadt Lima der Hispanische Vice Re residiret: An diese Provinz gräntzen an/ die Andes, bey denen das meiste Gold anzutreffen ist/ und sind die Alten naturell-Inwohner Riesen-Arth/ Männer von zehen Schuh lang.

In diesem Mittägigen Theile sind 2. Haupt-Ströme: Rio de los Amazones, und Rio de la Plata. An denen Grentzen / dieses Mittägigen Theils fliesset der Strohm Panama, oder Isthmus, auff welchem die Reichthümer Americæ in das Meer/ unn so fort in Hispanien geführt werden.

Der ander Haupt-Theil Americä gegen Mitternacht/ hält in sich:

1. Die Landschafft Nicaraguam, Guatimalam, Chersonesum sive novam Hispaniam, gehet biß an das Mexicanische Meer.

2. Die Landschafft Floridam.

3. Die Landschafft Virginiam, denen Engelländern gehörig.

4. Novum Belgium, dessen Haupt-Stadt Neu-Amsterdam.

5. Novam Angliam, allwo in der Stadt Cantabrigia die Bibel in Americanischer Sprach gedruckt worden.

6. Canada, Nova Francia, Terra Corte Realis, Terra de Labrado, und Nova Britannia.

Von diesem gantzen Theile der Welt America hat man in Europa biß in Annum 1441. gar schlechte Nachricht gehabt / dieweilen niemand von ihren Innwohnern jemals zu uns Europäern herüber geschiffet.

Der erste Erfinder aber dieser gegen Niedergang der Sonnen / gelegenen Wasser-Welt ist gewesen Christophorus Columbus, ein Italiäner / aus dem Städtlein Cucurco Genueser Gebiets gebürtig / deß Adelichen Pilustrolischen Ge-

schlechts

schlechts / so ein gelehrter / und in Schiffarthen wohlerfahrner Mann gewesen.

Nachdeme dieser in die Insul Gades gekommen/ und wargenommen/ daß zu gewisser Zeit im Jahr die Winde vom Niedergang etliche Tage lang beständig geblasen/ und daraus geschlossen/ daß solche von einer weitentlegenen Landschafft herkommen müssen/ hat er sich vorgenommen solches fremde Land zu erkundigen/ und hinter die Säulen Herculis zu fahren/ woferne ihme die Republic von Genua einige Schiffe ausrüsten würde. Als diese aber solches nicht thun wolte/ begab er sich zum Könige Henrico VII. in Engeland/ und zum König Alphonso/ und als auch dieser Orten sein Anmelden vergeblich war/ kam er zum König Ferdinando und zur Königin Isabella in Castilien; Die verordneten ihme drey Schiffe mit aller Zugehör / mit welchen er nebst seinem Bruder Bartholomäo/ im Monath Augusto Anno 1492. fortgesegelt / und über etliche Monat in die Insul Comeram angekommen / allwo er sich erfrischete / und nach 30. Tagen in der Insul Guaraglysne anlandete.

Fürters in die Insul Cumanam und in die Insul Haytin sich begabe/ die er Hispaniolam nennete/ da bauete er eine Vestung. Und als er die Reichthumbe dieses Landes gesehen/ gedachte er dem König Ferdinando diese gute Bottschafft zu bringen/ kam auch ohne Verlust einigen Mannes bey demselben glücklich wieder an/ der ihme den Nahmen Admirandus gegeben.

Er thate hernach noch mehr Schiffarten in die Insulas Fortunatas, und in die Canarische Jnsuln/ allwo zween Wunder=Brunnen/ deren einer die Natur hat/ daß wo ein Mensch davon trincket/ er anfähet zu lachen/ und nicht aufhöret/ biß er sich zu tode lachet/ wann ihme aber aus dem andern zu trincken gegeben wird / so kommt er wieder zu rechte.

Er kam auch in die Jnsul Teniriffa allwo ein Feuerspeyender Berg ist. Endlich kam er in die Jnsul der Canibalen oder Menschenfresser auff einen Sonntag/ darumb nennete er sie Dominicam, und reisete durch die Jnsuln Cumam und Jamaicam wieder in Hispaniam.

Anno Christi 1495. sandte obgedachter König Ferdinandus den edlen Florentiner Vesputium Americum mit vier grossen Last=Schiffen in diese Gegend/ umb noch mehr Landschafften aufzusuchen / welcher durch die Canarische Jnsuln sehr weit hinein gekommen/ und in dem vesten Lande eitel nackende Menschen wargenommen/ aber wiederum zurucke in andere Jnsuln gekehret/ und den 15. Octobris Anno 1498 wiederum glücklich in Hispaniam angelanget.

Von diesem Vesputio Americo nun ist dieser neue Welt=Theil America genennet worden/ und sind successu Temporis verschiedene schöne Colonien/ Städte/ und Gewerb=Plätze/ durch die Hispanier/ Frantzosen/ Engeländer und Holländer aufgerichtet/ und herrliche Handelschafften angeordnet worden/ wie bey dem Josepho à Costâ, de Natura Novi Orbis weitläufftiger mag gelesen werden. Hisce

Hisce præmissis nun auf die letztmals erfundene Americanische Provintz Pensylvaniam zu kommen/ so soll per Capita von solcher in möglichster Kürtze gehandelt werden.

Das erste Capitel.
Von der Pensylvanischen Landschafft Erfindung.

Obwohlen von denen Zeiten Christophori Columbi und Vesputii Americi an/ viel Colonien und Plantagien successive auferbauet worden/ als nahmentlich Neu=Hispanien Neu=Franckreich/ Brassilien, Peru, das guldene Castilia, Spaniola Cuba Jamaica, Neu=Engeland/ Florida, Virginia &c. So hat sich jedoch noch ferner zugetragen/ daß in Anno 1665. durch Caroli Stuardi I. Königs in Engeland Schiffarten noch ein grosses neues Land weit hinter diesen jetzt erzählten Ländern gelegen/ ist erfunden worden. Deme aber gedachter König bey seinen Lebzeiten keinen gewissen Nahmen zu geben gewust/ weilen die natürliche Inwohner des Landes alle nackend in denen Wäldern herumb vagirten/ und keine civile Versammlungen noch einige erbaute Städte hatten davon man sie hätte benamsen können/ sondern sie wohneten (wie noch) hier und dar in Tuguriis und Baum=Hüttlein in denen Wildnussen.

Demnach aber bey dieser erstern Stuartischen Landes=Erfindung der Printz von Yorck viel unnützes Volck und meistens Schweden bey sich hatte/ befahl Er an dem Fluß Della Varra einen

nen Orth zu bauen und mit der Zeit zu bevestigen/ den er Neu=Castle nennete / gab auch denen Schweden die freye Gewalt allda zu verbleiben/ und das Land um solchen Ort bäuig zu machen/ biß aus Engeland mehr Volckes dahin / überbracht würde. Diese Schweden fingen an / eine kleine Commun aufzurichten und den Ackerbau und die Viehzucht zu treiben/ biß sich die allergrausamste und zuvor niemals erhörte Tragœdia mit obgedachten Könige Carolo I. zugetragen/ daß er von seinen eigenen Unterthanen verfolget / gefangen/ und gar mit dem Beyl enthauptet worden. Dessen Sohn Carolus II. dessen Herrn Vatters Tod zu rächen/ und sein Königreich zu behaupten/ eylig eine Armee colligirte/ und sich in Battaille einliesse/ aber auf dem Felde geschlagen und zum Tode aufgesuchet wurde/ welcher ihme dann auch ohnfehlbar wurde angethan worden seyn/ woferne nicht sein General/ der Lord Penn/ ihme verkleidet in einem Schiffe nacher Franckreich übergebracht hätte; um welcher That willen diesem Lord Penn alle seine Landgüter / Schlösser und Dörffer in die Aschen gelegt/ und er selbst ins Exilium verjagt worden ist/ darinnen er auch gestorben/ ehender als Carolus Stuardus II. wieder auff den Königlichen Thron gesetzet wurde.

Nach wieder erlangten Scepter und Krone/ fande sich William Penn (deß Lord Penns einiger Sohn) bey ihme ein / wurde sehr freundlich empfangen/ und ihme zur Vergeltung seines Vaters geleisteter treuen Dienste diese neu=gefundene Landschafft / samt dem Schloß Neu=Castle auff ewig eigenthumlich übergeben / und alle gegen=

genwärtige und zukünfftige Innwohner durch ein offentliches königliches Decret de dato 21. Apr. 1681. zum schuldigen Gehorsam angewiesen.

Dieser William Penn ließ in der Stadt London kunt und public machen/ wie daß er gesonnen wäre einige Colonien und Städte in dieser Landschafft anzulegen/ welche Leute nun Lust und Lieb mit hinein zu schiffen hätten/ denen wolte er jeden Morgen Landes nicht theurer als um 1. Kopffstucke verkauffen. Da ließen sich viel Leute auf ein gewisses Stück Landes in sein Buch einschreiben/ und reiseten mit ihme sehr viel Familien hinein/ da er denn für sich und die Seinige die Stadt Philadelphiam anlegte. In specie aber verbandte sich eine Teutsche Compagnia zusammen/ welche etliche tausend Morgen Landes einhandelten/ um eine Teutsche Coloniam darinnen anzurichten. Die gantze Provintz aber wurde Pensylvania (deß Pens Wildnus) genannt/ dieweilen es mit lauter Waldung und Wildnus überwachsen war.

Des Königs Carl II. Stuards Ubergabs=Brieff an William Penn/ꞏc. de 4. Mart. 1671.

I. Wir geben und stehen zu verschiedener Ursachen halber / an William Penn und seine Erben zu ewigen Zeiten den gantzen Strich des Landes in America/ mit allen denen darzu gehörigen Inseln. Das ist zu sagen: Von den Anfang des 40. Grads der Nord=Breite dessen Ostwarts liegende Grentzen / lauffen gäntzlich längst der Seite des De la Ware Flusses / zwölff Englische Meilen über Neu=Castle.

II. Frey-

II. Freyen und ungehinderten Gebrauch und Reise in und aus allen Häfen/ Bayes/ Wassern/ Flössen/ Insuln/ und Einlands so darzu gehören. Zusamt dem Grund; die Felder/ Wälder/ Büsche/ Berge/ Hügel/ Moraste/ Insuln/ Seen/ Flüsse/ Wasserbäche/ See- und Meer-Busen und Einlaß/ die darinnen ligen/ oder zu denen vorbenannten Gräntzen und Scheidungen gehören. Und solches bloß zu dem Nutzen und Frommen des gedachten William Pens vor Ewig zu behalten und zu besitzen. Und solle von uns/ als wie von unserm Schlosse Windsor gehalten werden/ umb jährlichen zu einer freyen und gemeinen Lehen-Erkanntnuß allein zwey Biberfelle einzulifern und zu bezahlen.

III. Und aus unserer fernern Genade haben wir billich geachtet vorerwehntes Land und dessen Insuln zu einer Land- und Herrschafft zu machen/ massen wir auch solches hiermit darzu machen und anrichten/ und nennen dasselbe Pensilvania Und wollen/ daß es von nun an hinfüro allezeit also genennet werde.

IV. Wegen der absonderlichen Zuversicht so wir in die Weisheit und Gerechtigkeit des gedachten William Penns setzen. So überlassen wir ihm/ seinen Erben/ und ihren verordneten zu einer desto bessern und glücklichern Regierung Gesetze zu der allgemeinen Landschafft besten zu machen und zu stellen/ und dieselbe unter seinen Siegel kund zu thun. Und solches durch und mit Beyrathen und Genehmhaltung der Frey-leuthe oder Frey-Sassen/ so ferne sie denen Gesetzen unsers Königreichs nicht zuwider lauffen.

V. Auch

V. Auch völligen Gewalt zu erwehnten William Penn/ ꝛc. Richtere/ Beamte/ und andere dergleichen Unter=Bediente zu setzen/ auff was für eine Art und Weise es ihme behörlich zu seyn duncket.

Ingleichen soll er auch Macht haben Ubelthaten und Verbrechen zu vergeben und zu straffen/ wie es in wohl angeordneten Gerichten gebräuchlich ist.

Und wir wollen/ befehlen/ und erfordern auch hiermit/ daß solche Gesetze und Verhandlungen sollen vor gantz vollkommen agnoscirt und unverbrüchlich gehalten werden/ und daß alle unsere und unserer Erben und Nachkommen getreue Unterthanen solche unverbrüchlich an diesem Orte halten sollen/ nur die endliche Appellation an uns ausgenommen.

VI. Daß die Gesetze zu dem eigenthumlichen Besitz/ so wohl bey Abgang der Besitzere der Landereyen/ als auch der Anerbung der beweg= und unbeweglichen Haab und Güter sollen dorten/ gleich wie hier in Engeland/ so lange üblich seyn/ biß gemeldter William Penn/ oder seine Erben nebst denen Frey=Leuten gedachter Landschafft ein anders ordnen werden.

VII. Damit nun diese neue Anbauung durch die Menge des Volcks sich desto glücklicher vermehren möchte; So geben wir vor uns und unsere Erben und Nachkommen allen unsern jetzt/ und zukünfftigen getreuen Unterthanen hiermit Freyheit/ daß sie sich dorthin begeben mögen.

VIII. Freyheit allerhand Guth und Kauffmann=

mannschafft / nach Bezahlung des hiesigen Uns gebührlichen Zolls / dorthin zu bringen.

IX. Die Gewalt diese Landschafft in kleinere Bezirck oder Craise auf hundert Flecken oder kleinere Städte zu vertheilen / Märckte und Messen mit geziemenden Freyheiten anzustellen. Alles wie es besagten William Penn / und seinen Erben nutz= und dienlich zu seyn duncket.

X. Freyheit die dort gewachsene Früchte und bereithete Manufacturen in Engeland einzubringen.

XI. Macht umb Porten / Schiffständ / Busen / Häfen / Eingänge / Anfuhren und andere Oerter zur Handlung / mit solchen Rechten / Gerichten und Freyheiten anzurichten / als es gedachter William Penn zuträglich zu seyn befindet.

XII. Die Gesetze der Schiffarten sollen weder von den Regenten / noch denen Inwohnern nicht gebrochen werden.

XIII. Es soll kein Verbündnuß mit einigen Fürsten oder Ländern / die gegen uns und unsere Erben Krieg führen / gemacht werden.

XIV. Gewalt zur Sicherheit und Vertheidigung / auf solche Art und Wege / wie es erwehnter William Penn gut achtet.

XV. Völlige Macht / umb so viel Stücke Landes anzuweisen / zu vergeben / zu verpachten und zu verleihen an alle solche die William Penn tüchtig befindet solche zu haben und zu besitzen. Es bestehe es einer gleich nur auff sich / und seine Leibes=Erben / oder auff Lebens=Zeit / oder uff gewisse Jahre.

XVI. Wir

XVI. Wir geben und stehen zu die Freyheit einem jeden dieser Leute/ welchen William Penn einiges Erbgut zugestanden hat/ daselbst sein Gerichte und Ordnunge zu besserer Sicherheit zu halten.

XVII. Macht zu diesen Leuten/ daß sie diese ihre Sitze und Rechte wiederum an andere entweder zu einem einfächtigen Lehen/ oder mit gewissen Conditionen überlassen mögen.

XVIII. Wir versprechen auch und gestehen zu an gedachten William Penn/ seinen Erben und Verordneten/ daß wir keinen Zoll oder Aufflage auf die Inwohner der erwehnten Landschafft/ noch auf derselben Landereyen Haab und Güter/ oder Kauffmannschafften ohne Bewilligung der Inwohner und deß Regenten/ setzen oder machen wollen.

XIX. Ein Befehl/ daß keiner unserer/ oder unserer Erben und Nachkommen/ hoher oder niedriger Bedienter sich unterstehen soll zu einiger Zeit das geringste wider das hievor gemeldte zu handeln/ oder auf einigerley Weise zu widersetzen/ sondern daß sie jederzeit gesagten William Penn seinen Erben/ und denen Inwohnern und Kauffleuthen/ ihren Factorn und Gevollmächtigten zu dem völligen Brauch und Nutzen dieses unsers Freyheits = Brieffs behülfflich und beförderlich seyn sollen.

XX. Und daferne etwa künfftig einigerley Zweiffel oder Frage wegen deß rechten Verstandes oder Meinunge in einem Wort oder Sensu, so in diesen Freyheits = Brieff enthalten/ sich ereignen solte/ so wollen wir/ verordnen/ und befehlen/ daß zu allen Zeiten und in allen Dingen eine
solche

solche Auflegung darüber von einem unserer Hof=
gerichten/ geschehe/ und zugestanden werde/ als
man soll urtheilen/ daß gedachten William Penn/
seinen Erben und Verordneten am günstigsten
und vortheilhafftigsten möchte seyn können/ in so
ferne/ daß es nicht wider uns und unsere Erben
schuldige Treue lauffe.

Zum Zeugnuß dessen haben wir diesen offenen
Brieff ausfertigen lassen/ und wir bezeugen die=
ses selbst in

CAROLUS II.

West=Münster 4.
Mart. 1681.

Nach erlangter dieser königlichen Donation
hat William Penn in London und anderer Or=
ten dieses Proclama affigiren und ausstreuen las=
sen:

Wenne etwa beliebet dieser Landschafft halber
mit mir einzulassen/ mit deme kan allhier gehan=
delt und ihme fernere Vergnüglichkeit gegeben
werden: Von Philipp Ford. Thoma Rudyard.
Beniamin Klarc. Jan Roclofs van der Werf &c.

Anno 1681. den 2. April. wurden von gedach=
ten Könige Carolo II. alle bereits in dieser Land=
schafft befindliche Inwohner und Pflantzere durch
ein schrifftliches Mandat an den William Penn
als völligen Eigenthums=Herrn und Regenten zu
schuldigen Gehorsam angewiesen.

Das

Das andere Capitel.

Auf was Art und Weise William Penn diese geschenckte bekommene öde Provintz bewohnt zu machen gesuchet? Fail-Bietung.

1. Jeß Er ein Manivest ausgehen an die Kauffer/ daß sie sich zu Londen an gewissen Orten anmelden und in Tractaten einlassen solten/ da verkauffete er 3000. Aecker Landes (in Holländischer Grösse) pro 100. Pfund Sterlings/ mit Behaltung einer ewigen Erb-Pacht darauff/ als jährlich von jedem 100. Aecker ein englischen Schilling. Das Geld solte gegen Bescheinung zu Londen aufgelegt/ und dem Kauffer auff deren Vorzeigung das Land der Aecker vorgemessen werden.

2. Denen jenigen/ so zu der Uberfahrt zwar das Nothdürfftige Gelt haben/ aber bey ihrer Dahinkunfft keine Mittel haben sich nieder zu lassen/ und Land zu kauffen; gibt William Penn einem Jeden 50. Aecker/ gegen einem ewigen Erbpacht von jedem Acker des Jahrs ein Styver. Welche Erbpacht ihnen so viel gelten soll/ als hätten sie das Land für sich und ihre Erben ewig gekaufft.

3. Denen Dienstboten und Kindern (umb sie zu bessern Fleiß und Gehorsam aufzumuntern) gibt er völlige Freyheit/ so bald sie ihre bedingte Jahre ausgedienet haben / 50. Morgen Aecker auf ewig anzunehmen/ und von jedem des Jahrs nur einen halben Styber zu Erbpacht zu reichen/

und

und also ihr eigener Herr zu werden. Hierauff wurde in dem bestimmten Accords-Orte das Buch und Protocoll derer Kauffer angefangen / und war die Teutsche Compagnia oder Societät die allererste so sich in Tractaten einliesse / und anfänglichen bey 20. tausend Morgen ackers zu Londen / gegen Acceptirung eines Assignation-scheins / baar auszahlete.

4. Ist zu wissen / daß William Penn / die natürliche nackend gehende Inwohner des Landes gar nicht mit militarischer Macht ausgetrieben / sondern bey seiner Dahinkunfft / denen vornehmen Indianern sonderbare Kleider und Hüte mitgebracht / dadurch benevolentiam capirt / und auf 20. Meilwegs lang ihnen Grund und Boden abgekaufft / und sie darauf um so weit weiters zuruck in die wilden Wälder hinein gewichen sind.

Das

Das III. Capitel.
Wie die Vormessung der Aecker an die Teutsche Societät
abgeloffen.

Die sämtliche Teutsche Compagnia oder Societät/ hatte zu ihrem gevollmächtigten Sachwalter verordnet den Reißbegierigen Franciscum Danielem Pastorium J. U. Licentiatum. Dieser reisete von Franckfurth am Mayn ab und kam nacher Londen/ Beschloß einen Kauff/ nahm Anweisungs = Schein zur Vormessung deß gekaufften/ und segelte unter GOttes Geleid glücklich über den Oceanum/ und thät dann aus Philadelphia den 7. Martii 1684. diesen Bericht:

Das erkauffte Land nun betreffend/ wird solches in dreyerley Art eingetheilet. Nemlich erstlich funffzehen tausend Ackers beysammen an einem Stück und an einem schiffreichen Wasser gelegen. Zweytens 300. Ackers in der Stadt Libertät/ welches der Strich Landes ist zwischen denen beeden Flüssen de la Ware und Scollkill. Drittens: drey Loß in der Stadt/ Häuser darauff zu bauen.

Als ich nun nach meiner Ankunfft bey William Penn um Warants/ jetzt gedachte drey Theile abzumessen und in Possession zu kriegen/ anhielte. Da war seine erstere Antwort: Das anlangend die drey Loß in der Stadt/ und die 300. Ackers in der Freyheit/ solche von rechtswegen der Societät nicht zukämen/ dieweilen sie aller erst nach=

nachgekaufft worden / nachdeme Er William allschon von Engeland abgereiset und die Bücher zu Londen geschlossen wären gewesen. Nachdeme ich ihme aber repræsentirt/ daß die Teutschen darumb in Consideration zu ziehen wären/ weilen sie die allererſten geweſen die ſich mit ihme in einen Kauff eingelassen hätten. Da hat er mir so balden drey Löeß zu Anfangs der Stadt hinter einander von seines jüngern Sohnes Antheil abmeſſen laſſen.

Wann man nun die Häuſer/ an dem Delu Waro Fluß gelegen/ in der Ordnung abzehlet/ so iſt der Teutschen Societät ihr Wohn= und Kauffhaus an der Zahl das neundte.

Und ist das Erste unser Löeß in der Stadt hundert Fuß breit/ und 400. lang. Zu Ende deſſen kommt eine Gaſſen/ das zweyte Löeß darhinter iſt von gleichmäſſiger Breite und Länge/ darauff folget wieder eine Gaſſen.

Das dritte Löeß ist eben der gröſſe/ und können auf jedes Löeß fornen an zwey Häuser und hinden zwey neben einander/ also in toto füglich zwölff Häuser mit ihren Hofraithen gebauet werden/ welche doch alle auf die Straſſen ausgehen.

Idem Pastorius berichtet sub finem
Nov. 1684. an seine Societät.

Daß solche bey denen Erſtern Anfangs=Jahren zwar noch ſchlechten profit machen könne/ indeme der Geldmangel in dieser Provintz annoch kundbar/ unn man auch aus dieſem Lande noch keine Retour-Güter nacher Engeland ausfinden könne.

Und

weilen für jetzo der Gouverneur William Penn hauptsächlich intendire die Weberey und den Weinwachs zu establiren/ so solle der Compagnie belieben/ eine Quantität Weinseyer hineinzuschicken/ wie auch allerhand Feld= und Garten=Samen. Item etliche grosse eiserne Kochhäfen/ und ineinander gesteckte Kessel. Item einen eisernen Ofen/ etliche Balldecken und Madrazen/ auch einige Stuck Barchet/ und weis leinen Tuch/ welches in ihrem Kauffhause mit Vortheil verkaufft werden könne.

Es seye den 16. Nov. zu Philadelphia Jahrmarckt gewesen/ da aber in der Societät Kauffhause wenig über 10. Thaler seye gelöset worden/ aus vorgedachtem Geld=Mangel/ und weilen die Neu=Ankommenden aus Teutsch= und Engeland meistentheils so viel Kleider mit sich bringen/ daß sie in einigen Jahren nichts bedörffen.

So viel unsere neuangelegte Stadt Germanopolim anbelanget/ so ligt dieselbe auf einen guten schwartzen Erdboden / ist mit verschiedenen anmuthigen Brunnquellen umbgeben. Die Hauptgasse ist 60. und die Zwerggasse 40. Fuß weit/ und hat eine jede Familia eine Hoffstätt von 3. Acker groß.

Das IV. Capitel.

Von denen Landes Gesetzen.

Die erstere hat William Penn mit zuthun der allgemeinen Versammlung dahin feste gestellet:

1. Die

1. Die Glieder des Raths/ und dann die gantze Gemeine versammlen sich alle Jahr auf einen gewissen bestimmten Tag und erwehlen sich Vorstehere und Officianten durchs Loß/ also daß Niemand wissen kan wer für/ oder wider sie gestimmet hat. Wordurch alle unzulässige Einkauffungen mit Geld/ wie auch die heimliche Feindschafften der Abgesetzten verhindert werden. Und hat jemand dieses Jahr über sich übel verhalten/ so kan man bey der nechsten wol einen bessern erwehlen.

2. Ohne Consens des zwey Drittels des Raths kan niemahls einige Schatzung / Accis, oder andere Aufflage auf die Gemeine gelegt werden.

3. Umb die Litigia, Raths-Process und Zänckereyen zu verhindern/ wird ein Prothocoll gehalten/ worinnen alle unbewegliche Güter / Unterpfänder / Obligationes und Pachten verzeichnet werden. Sind also alle Advocati und Procuratores, welche für ihre Dienste Geld fordern/ abgeschaffet.

4. & 5. Damit sich keine Sect über die andere erhebe/ so soll ein jeder der Freyheit des Gewissens geniessen/ und soll niemand gezwungen werden umb einigen offentlichen Ubungen des GOttesdienstes beyzuwohnen/ und soll keiner in seinem Glauben oder Religion verunruhiget werden.

6. Zu verhüten alles das/ was das Volck zur Eitelkeit / Leichtfertigkeit / Frech- und Kühnheit/ Gottlosigkeit/ und lästerlichen Leben verleiten könte/ so werden bey höchster Straffe verbotten/ alle Welt-Spiele / Comoedien / Kartenspiel / Vermummungen/ alles Fluchen / Schwören / Lügen /

falsch

falsch Zeugnuß geben (weil der Eyd da nicht erlaubet ist/) schändlich Geschwätz/ Ehebruch/ Hurerey/ Duelliren/ Dieberey.

7. Wann bey Kauffleuten befunden würde/ daß einer seinen Principalen betrogen/ der soll contemnirt werden ihme nicht allein völlig zu bezahlen/ sondern auch noch ein drittel darüber abzustatten/ zur Straff seines betrüglichen Handels. Deßwegen sollen die Deputirte deß Commercien-Collegii bey Absterben eines jeden Factors Sorge tragen/ daß das jenige/ so er unter seinen Principalen gehabt hat das des Principalis gewesen/ fleissig wieder ausgeliefert werde.

Das V. Capitel.

Von der Situation und Flüssen des Landes.

PEnsylvaniæ Situation ist wie Neapolis in Italia. Und fängt diese Landschafft an im 40. Grad der Nord-Breite/ ihre Gräntze lauffet nach Osten mit dem de la Ware-Fluß/ 75. teutsche Meilen lang und 45. breit.

Die angräntzende Insuln sind: Neu-Jersey/ Marieland und Virginia.

Mann sihet in dieser Landschafft einige neue schöne Sternen gantze und halbe/ die beständig einerley Polum halten/ und denen Europaeischen Astrologis zuvor nicht bekannt gewesen sind.

Der dela Ware-Strom ist so herrlich/ daß er seines gleichens in gantz Europa nicht hat. Es können in die 30. Meil Wegs über Philadelphia Schiffe von 100. Lästen füglich darauff seglen. Er scheidet Neu-Gersey und Pensylvanien voneinander.

Bey Philadelphia ist er 2. und bey Castle 3. Englische Meilwegs breit/ hat Ab= und Zufluß des Meers/ ist sehr Fischreich/ wie auch die Scoskil.

Die frische Quellen und Bronnen sind fast nicht zu zehlen.

Das schattichte Gesträuch und Buschwerck ist aller Orten mit Vögeln angefüllet/ deren rare Farben und mancherley Stimmen ihres Schöpffers Lob herrlich ausbreiten. Und gibt sonsten einen Uberfluß an wilden Gänsen/ Enden/ Calicunen/ Rebhünern/ wilden Tauben/ Wasser=Schnepffen und dergleichen.

Das VI. Capitel.
Von der Uberkunfft William Penns.

Den 1. Nov. 1682. langete William Penn mit 20. Schiffen in diesem Lande an/ nach deme er 6. Wochen lang uff der Reise zugebracht hatte. Als sie noch zimlich weit vom Lande waren/ kam ihnen ein so lieblicher Geruch in der Lufft entgegen als aus einem neublühenden Garten. Und fande er bey seiner Ankunfft an Christen=Menschen anders nichts/ als allein diejenigen/ welche bey Erfindung dieser Landschafft darinnen gelassen worden/ so theils in Neu=Castle/ theils in absonderlichen Plantagien wohneten. Von denen er Penn als Ober=Haupt mit sonderbarer Liebes=Bezeugung angenommen worden/ denne sie auch die Unterthanen=Pflicht gantz wil=

willig abstatteten; Alles was er hinwiederumb von ihnen forderte/ war: Nüchternes Leben/ und nachbarliche Liebe; er versprach sie hingegen in geist- und bürgerlichen Sachen zu schützen.

Das VII. Capitel.
Von denen durch William Penn gegebenen Gesetzen.

Erstlich soll umb des Glaubens willen niemand incommodiret/ sondern die Gewissens-Freyheit allen Landes-Inwohnern gelassen werden/ daß jede Nation Kirchen und Schulen bauen und bestellen möge nach Wolgefallen.

2. Der Sonntag solle zum offentlichen Gottesdienst gewiedmet seyn. Die Lehre von Gott solle dermassen eyfferig getrieben werden/ daß dero Reinigkeit bey einem jeden Zuhörer/ aus denen daraus folgenden Früchten könne erkannt werden.

3. Zu bequemer Aufferziehung der Jugend sollen die eintzele im Lande wohnende Bauren alle zusammen in die Flecken ziehen / damit die Nachbarn einander Christlich behülfflich seyn/ in Gemeinschafft GOtt loben/ und ihre Kinder auch hierzu gewöhnen mögen.

4. Die Gerichts-Täge sollen zu gewissen Zeiten offentlich gehalten werden/ auf daß ein jeder zuhören mag.

5. In denen angehenden Städten und Flecken sollen gewisse Friedens-Richter zu Beobachtung der Gesetze verordnet werden.

6. Das

6. Das Fluchen / Gottsläſtern / Mißbrauchung Göttlichen Nahmens / Zancken / Betriegen / Vollſauffen / ſoll mit dem Hals-Eiſen abgeſtrafft werden.

7. Alle Handwercker ſollen mit ihren gewiſſen verordneten Tax zu frieden ſeyn.

8. Jedes Kind ſo zwölff Jahr alt iſt / ſolle zu einem Handwerck / oder ſonſt redlicher Handthirung gethan werden.

Das VIII. Capitel.

Von denen angehenden Städten in dieſem Lande:

Der Gouverneur William Penn hat die Stadt Philadelphiam zwiſchen beeden Waſſer-Ströhmen de la Ware und Scolkis angelegt / und ihr dieſen Nahmen gegeben als wann dero Inwohnere in lauter brüderliche Liebe ihr leben darinnen führen ſolten.

Daß Waſſer bey der Stadt iſt tieff genug / daß die groſſe Schiffe biß an die Banck ohngefehr einen Steinwurff von der Stadt anfahren können.

Eine andere Engliſche Societät hat die neue Stadt Franckfurt / anderthalb Stund weit von Philadelphia auffgebauet / worinnen ſie nebſt der Kauffmannſchafft einige Mühlen / Glaßmacherey und Steinbackerey angerichtet.

Neu-Caſtle ligt 40. engliſche Meil-Wegs von der See / an dem de la Ware-Strom / und hat einen

nen guten Hafen. Die Stadt Upland ligt 20. englische Meilen von Castle aufwärts des Flusses/ und wird meistens von Schweden bewohnet.

Den 24. Octobr. 1685. habe ich Franciscus Daniel Pastorius auf Gutbefinden unsers Gouverneurs noch eine neue Stadt Namens Germanton oder Germanopolim zwo Stund Wegs von Philadelphia angelegt/ allwo ein gut schwartz tragbares Erdreich/ und viel frische gesunde Brunnenquellen/ viel Eichen/ Nuß- und Castanien-Bäume/ auch eine gute Weyde für das Vieh hat. Der Anfang bestunde nur in 12. Familien von 41. Köpffen/ meistens Hochteutschen Handwercks-Leuten und Webern/ weilen ich wahrgenommen/ daß man des leinen Tuches nicht würde entbehren können.

Die Haupt-Gasse dieser Stadt machte ich 60. Schuh breit und die Zwerch-strassen 40. das Spatium oder Grundplatz zu einem jeglichen Hause und Garten ist so viel als 3. Morgen Ackers/ für meine Wohnung aber doppelt so viel. Ich hatte zuvor in Philadelphia auch ein Häuslein gebauet 30. Schuh lang/ und 15. breit. Dessen Fenster wegen Mangel des Glases von Oel getünchten Papier waren/ über die Haus-Thür hatte ich geschrieben:

Parva Domus, sed amica Bonis, procul este profani,

Worüber unser Gouverneur, als er mich besuchte/ einen Lacher auffschluge und mich ferner fortzubauen anfrischete.

B 4 Ich

Ich habe auch für meine Hoch-Teutsche Societät 15000. Morgen Ackers an einem Stucke zuwegen gebracht/ mit der Condition/ daß sie inner Jahres Frist 30. Haushaltungen würcklich stellen sollen; Also/ daß wir Hoch-Teutsche eine separate kleine Provintz erhalten/ und uns von aller Unterdruckung desto mehr versichert halten können.

Wäre also sehr gut wann die Europäische Confratres bald mehrere Personen der Compagni zum besten herüber sendeten/ denn der Gouverneur erst vorgestern zu mir sagte: daß ihm der Eyffer der Hoch-Teutschen im Bauen sehr wohl gefalle/ und daß er sie vor denen Englischen liebe/ auch ihnen gewisse Privilegia ertheilen wolte.

Das IX. Capitel.

Von der Fruchtbarkeit dieses Landes.

Gleichwie dieser Landschafft Polus-Höhe sich wie Mompellier und Neapolis befindet/ aber mit weit mehrern Flüssen und Brunnenquellen als eine begabet ist/ also ist ohnschwer zu erachten/ daß solch Land zu vielen Edlen Früchten sehr bequem sey. Die Lufft ist hell und lieblich/ der Sommer länger/ und wärmer als in Teutschland/ und hat man nunmehro dieser Orten an allerhand Früchten ein genügliches Auskommen/ und wird uns unsere Arbeit im bauen redlich belohnet.

Deß Viehes wird nun auch die Menge bey uns gefunden/ doch lauffet der Zeit alles im Felde lebig untereinander / biß wir benöthigte beſſere Anſtalten machen werden.

Zucker und Syrupp bekommen wir aus Barbatos/ und wer kein Geld hat/ der tauſchet Waar um Waar/ wie er zu Accord kommt.

Der wilden Leute ihre Kauffmannſchafften an die Chriſten iſt von Fiſchen / Vögeln/ Hirſchhäuten/ und allerhand Beltzwerck von Bibern/ Ottern/ Füchſen/ ꝛc. Bißweilen vertauſchen ſies gegen Getränck/ bißweilen verkauffen ſies umb ihr Landgeld/ welches nur langlechte an Faden angeſchnürte Corallen ſind/ aus Meer-Muſcheln geſchliffen/ theils weis/ theils braunlecht.

Solch Corallen-Geld wiſſen ſie gantz künſtlich ineinander zu flechten/ und tragens für güldene Ketten. Ihr König trägt eine Krone oder Haube darvon.

Der braunen 12. thun ſo viel als 24. weiſſe/ die machen einen Franckfurter Albus. Sie nehmen ſolch ihr eigen Geld viel lieber als die Silber-Müntz/ weilen ſie mit ſolcher manchesmal betrogen worden.

Sonſten beſtehet das Silber-Geld/ deſſen wir uns allhier bedienen/ an Spaniſchen Stücken von Achten / und Engeländiſchen Kopffſtücken. Edelgeſteine haben wir diß Orts nicht/ verlangen ſie auch nicht/ und können dem jenigen kein groſſes Nachlob zuſchreiben/ der zu erſt das Gold und die Edelgeſteine aus denen dunckeln und verborgenen Orten der Erden hervor gegrüblet hat/

dann

diese edle Geschöpffe Gottes/ ob sie wol an sich selbsten gut sind/ so werden sie doch durch den Mißbrauch schröcklich geschändet/ und müssen wider ihren Willen dem Dienste der Eytelkeit unterworffen seyn.

Das X. Capitel.

Von dem Wachsthum dieser Landschafft.

Wiewohlen dieser weitentlegene Welt=Ort in lauter Wildnussen bestanden/ und erst von kurtzer Zeit her zum Gebrauch der Christen=Menschen angerichtet zu werden beginnet/ so ist sich doch höchlich zu verwundern/ wie schnell es unter Gottes Seegen empor steiget und von Tag zu Tage augenscheinlich zunimmt; Dann ob wir wol im ersten Anfange unsere Victualien etwas theuer aus Jersey umb unser Geld haben herbey bringen müssen/ so können wir doch/ Gott lob/ nunmehro andern Benachbarten dienen.

Mit denen meisten und nöthigsten Handwerckern sind wir versehen/ die Taglöhne uff ein Leydentliches eingerichtet/ und haben an Mühlen und Ziegelöffen die Nothdurfft.

Unsern Uberfluß an Geträid und Viehe verhandlen wir gen Barbados umb Brandwein/ Syrupp/ Zucker/ und Saltz/ das rare

rare Beltzwerck aber übersenden wir in Engeland.

Sonsten sind wir beflissen den Wein=Bau/ und die Tuchweberey dieser Orten in Schwang zu bringen/ umb das Geld im Lande zu behalten/ deßwegen wir auch bereits Jahrs=Märckte angerichtet/ nicht umb leidigen Wuchers und Gewinns willen/ sondern umb einander das jenige kaufflich zukommen zu lassen/ was einer oder der andere zuviel und übrig hat/ damit man deswegen nicht in die benachbarten Insuln überfahren/ und das Geld dorthin tragen dörffte.

Das XI. Capitel.

Von denen Inwohnern dieser Landschafft.

Erer sind Dreyerley befindlich). 1. Die Eingebohrne so genannte Wilde. 2. Die aus Europa anhero angekommene Christen/ genannte Alten. 3. Die neulichst angekommene Societäten und Compagnien.

So viel die erstere Wilden anbelanget/ so sind solche insgemein starcke/ hurtige und gelencke Leute/ schwarzlecht vom Leibe/ sie gingen anfänglich nackend/ und hatten nur die Scham mit etwas Tuch bedecket/
Nun

Nun beginnen sie Hembder zu tragen/ sie haben insgemein kohlschwartze Haare/ bescheren das Haupt/ schmieren dasselbige mit Fett/ und lassen an der rechten Seiten einen langen Zopff wachsen; Sie bestreichen auch die Kinder mit Fett/ und lassens an der Sonnen-Hitze kriechen/ damit sie Nußfärbig werden/ die doch sonst von Natur weiß genug wären.

Sie befleissigen sich einer auffrichtigen Redligkeit/ halten genau über ihren Versprechen/ betriegen und beleidigen niemanden; sie beherbergen die Leute gerne/ und sind ihren Gästen dienstfertig und treue.

Ihre Hütten sind aus etlichen zusammen geflochtenen oder gebogenen jungen Bäumen gemacht/ die sie mit Baumrinden zu bedecken wissen. Sie gebrauchen weder Tisch noch Bänck/ noch andern Hausrath/ als etwa einen eintzigen Topff/ darinnen sie ihre Speise sieden.

Ich sahe ihrer einsten viere in hertzlicher Vergnügung miteinander speisen/ und einen im blossen Wasser/ ohne Butter und Gewürtz gekochten Kürbis essen. Ihre Tafel und Banck war die liebe Erde/ ihre Löfel waren Muscheln/ damit sie das warme Wasser aussuppeten/ ihre Teller waren des nechsten Baumes Blätter/ die sie nach der Mahlzeit weder mühsam abspühlen/ noch zu künfftigem Gebrauch sorgsam bewahren dörffen. Ich dachte bey mir/ diese wilde Leute haben die Lehre JEsu von der Mässigkeit und Vergnügsamkeit ihr lebtag nicht gehöret/ und thun es doch denen Christen weit bevor.

Sie

Sie sind sonsten ernsthafft und von wenigen Worten/ verwundern sich wann sie bey den Christen ein so überflüssig Geschwätz nebst andern leichtfertigen Geberden wahrnehmen.

Es hat ein jeder sein eigen Weib/ und hassen sehr die Hurerey/ das küssen und das lügen. Sie wissen von keinen Götzen-Bildern/ sondern verehren einen einigen/ allmächtigen und gütigen GOtt/ der dem Teuffel seine Macht beschrencke. Sie glauben auch die Unsterblichkeit der Seelen/ welche nach dem geführten Lebens-Lauff von der allmächtigen Hand GOttes eine gleichmässige Vergeltung zu gewarten habe.

Ihren eigenen Gottesdienst verrichten sie mit Gesängen/ worbey sie wunderliche Gebärden und Stellungen mit Händen und Füssen bezeugen/ und wann sie sich des Todes ihrer Eltern und Befreundten erinnern/ fangen sie an sehr erbärmlich zu heulen und zu weinen.

Sie hören sehr gerne/ und nicht ohne merckliche Gemüts-Bewegung reden von dem Schöpffer Himmels und der Erden/ und von seinem Göttlichen Liechte/ welches alle Menschen erleuchtet die in diese Welt kommen sind/ und noch kommen werden/ und von GOttes Weisheit und Liebe/ aus welcher er seinen eingebohrnen allerliebsten Sohn für uns in den Tod gegeben hat. Nur ist zu betauren/ daß wir ihre Sprache noch nicht recht können/ und dahero ihnen unsere eigentliche Hertzens Gedancken und Intention nicht beybringen können/ was nemlich in Christo JEsu für eine Krafft und grosses Heyl verborgen lige.

Sie

Sie sind in unsern Versammlungen sehr stille und andächtig/ daß ich gäntzlich glaube sie werden dermaleins an jenem grossen Gerichts-Tage mit denen von Thro und Sydon aufftretten/ und viel tausend falsche Nahmen- und Maul-Christen beschämen.

Ihre Oeconomiam und Hauswesen betreffend/ so warten die Männer ihres Jagens und Fischens. Die Weiber thun ihre Kinder in fleissiger Aufsicht treulich erziehen und von Lastern abmahnen. Sie bauen umb ihre Hütten herum Indianisch Korn und Bonen/ aber umb weitläufftigen Feld-Bau und Vieh-Zucht sind sie unbekümmert/ verwundern sich vielmehr/ daß wir Christen umb Essens und Trinckens auch bequemlicher Kleidung und Wohnunge willen so vielfältig bemühet und bekümmert sind/ als zweiffelten wir/ daß uns Gott nicht versorgen und ernähren könnte.

Ihre National-Sprache ist sehr gravitätisch/ und kommt in der Pronunciation der Italiänischen fast gleich/ doch sind es gantz andere unbekannte Wörter. Sie pflegen ihre Angesichter mit Farben anzustreichen/ trincken gerne Toback/ so wol Manns- als Weibs-Personen/ ihre Zeit vertreiben sie mit einer Pfeiffen oder Maul-Trummel in continuirlichen Müssiggang.

Die

Die zweyte Art der Innwohner des Landes sind die aus Europa angekommene alte Christen.

Diese haben niemahls die aufrichtige intention gehabt diesen eingebohrnen Hülffbedürfftigen Creaturen eine Unterweisung in dem lebendigen wahren Christenthum zu thun / sondern haben nur ihr propre Welt=Interesse gesuchet / und die einfältige Innwohner im Handel und Wandel betrogen / dahero endlichen die jenige Wilden so mit diesen Christen umgiengen / sich mehrentheils auch arglistig / lugenhafft / und betrüglich erwiesen / also daß ich von beeden nicht viel ruhmwürdigs melden kan. Diese verführte Leute pflegen ihre erlangte Fell und Beltzwerck gegen starckes Getränke zu vertauschen / und sich so voll zu trincken / daß sie weder gehen noch stehen können / auch pflegen sie bey ereignender Gelegenheit allerhand Diebstähle zu begehen.

Also daß sich ihre Könige und Vorgesetzte zum öfftern über die durch die Christen eingeführte Laster der Falschheit / des Betrugs / der Dieberey und des Vollsauffens beschweret haben / als welche zuvor in diesen Landen gantz unbekannt gewesen sind.

Wann ein solcher Wilder sich von einem Christen zur Arbeit bereden läſſt / thut er solches mit Beschwerde / Scham / und Forcht / als ein ungewöhnliches werck / sihet sich stets auff allen Seiten um um / ob nicht etwa jemand der Seinigen ihme arbeitend finden möchte / gleichsam als ob ihnen die Arbeit eine Schande / und die Faulheit zu einem sonderlichen Privilegio des Adels ange=bohren wäre / die man durch den Schweis der Arbeit nicht besudeln dörffte.

Die dritte Art Inwohner dieser Landen sind die Societäten Christen.

Wir Letzt=Angekommene in ehrlichen Gesell=schafften und Compagnien begriffene Christen / haben nach erlangter königlicher Engeländischen Freyheit von Anno 1681. hero einige gewisse Theile des Landes von dem Gouverneur Willi=am Penn an uns erkaufft / der Intention neue Städte und Colonien auffzurichten / und darinn nicht allein unsern zeitlichen Nutzen und Nah=rung zu erwerben / sondern auch die wilden Leute mansuet und zahm zu machen / und sie in der wahren Erkäntnuß GOttes zu informiren / in=massen ich der Hoffnung gelebe / binnen kurtzer Zeit mehrere Freude von ihrem Eingange in Christum berichten zu können.

Das XII. Capitel.
Von denen Obrigkeiten dieses Landes.

DJe eingeborne Wilden haben ihre eigene Königlein. Wir Christen erkennen für unsern Landes-Regenten den William Penn/ deme diese Landschafft vom König Carolo II. für eigen ist geschencket/ eingeraumet/ und die Christliche Inwohner zur Homogial-Pflicht angewiesen worden. Dieser kluge und gottsförchtige Regent aber hat bey seiner Ankunfft dieses Erbtheil der Heyden nicht so bloß umsonst annehmen wollen/ sondern hat die natürliche Inwohner und ihre vorgesetzte Könige beschencket und begütiget/ so dann ein Stück Landes nach dem andern abgekauffet/ so daß sie immer je weiter in die Wildnuß hinein gewichen; Er Penn aber sein besitzendes Land justo Exemptionis Titulo an sich gebracht hat/ von deme ich hinwiederum für meine Teutsche Compagni anfangs in Londen bey dreyßig tausend Morgen erkauffet habe.

Und obwohlen dickerwehnter William Penn der Sect der Tremulanten oder bebenden zugethan ist/ so zwinget er doch niemand zu einiger Religion/ sondern überläst einer jeden Nation deß Glaubens Freyheit.

Das XIII. Capitel.
Von denen Religionen in dieser Landschafft.

1. Die natürliche nackete Inwohner haben keine schrifftliche Glaubens Articul / weilen keine Vestigia vorhanden / daß jemahls einige Christliche Lehrer zu ihnen gekommen seyn. Sie können nichts als ihre Muttersprache / Krafft derer die Eltern ihre Kinder per Traditionem informiren / und ihnen das jenige beybringen / was sie von ihren Eltern gehört und gelernet haben.

2. Die Engeländer und Holländer sind meistens der Calvinischen Religion zugethan.

3. Die Quacker sind bey William Penn in Philadelphia bekannt.

4. Die Schweden und Hoch-Teutsche sind Evangelisch / haben ihre particular Kirche / dero Prediger Fabricius heisset / von deme ich mit Betrübnuß melden muß / daß er dem Truncke sehr ergeben / und an dem innerlichen Menschen noch fast blind ist.

Wir haben allhier zu Germanton Ann. 1686. ein Kirchlein für die Gemeinde gebauet / darbey aber nicht auf äusserliches grosses Stein-Gebäude gesehen / sondern daß der Tempel GOttes (welcher wir Glaubige selbst sind) gebauet werde / und wir allesamt heilig und unbefleckt seyn mögen.

Die Evangelische Prediger hätten hier eine schöne Gelegenheit dem Befehl Christi nachzukommen: Gehet hin in alle Welt / und prediget das Evangelium. Wann sie lieber Christi Nachfolger/ als ihres Leibes Diener seyn wolten/ und wann sie mehr der Theologiæ internæ, als der buchstäblichen Recitirung ergeben wären.

Das XIV. Capitel.
Von der hoch=teutschen Compagnia/ so in Pensylvanien handelt.

Die stärckesten Participanten an dieser Compagnia waren anfänglich:

Jacob von de Walle. Herr D. Johann Jacob Schütz/ und Daniel Behagel/ Kauffmann/ alle drey zu Franckfurt am Mayn.

Zu Duisburg war Herr D. Gerhard von Mastricht.

Zu Wesel Herr D. Thomas von Wylich/ und Johann Lebrunn.

Zu Roterdamm Herr Benjamin Furly.

Zu Londen Herr Philipp Fort.

Diese bestellen die ihnen zugesandte Brieffe und Wahren von Hand zu Hand/ biß sie in das abgehende Schiff kommen; Auch gehen sie denen jenigen Personen mit Rath und That an die Hand/ welche aus redlicher Intention in Pensylvanien überzufahren verlangen.

In dem Lande Pensylvania ist der Zeit die Inspection über alles der Compagni Thun und Lassen meiner wenigen Person anvertrauet.

Das XV. Capitel.
Von der Occasion zur Uberfuhr in dieses Land.

Von dem Monath April an biß in den Herbst gehen aus Engeland sonderlich von dem Port Deal Schiffe in Pensylvanien/ doch ist keine gewisse Zeit weder des Abgangs/ noch der Retour bestimmet/ sondern man muß auf die Gelegenheit warten. So balden 35. biß 40. Personen (ohne das Schiff-Volck) vorhanden sind/ so gehet ein Schiff fort/ und muß jede erwachsene Person vor Fracht/ Mund-Kost/ und eine Seeküste geben 6. Pfund Sterlin oder 36. Thaler. Vor jedes Gesind oder Ehehalten 22. Reichsthaler. Ein Pfund Sterlin thut 6. Thaler.

Das XVI. Capitel.
Von mein Pastorii eigener Reise und Uberfuhr.

Nachdeme ich von Londen nacher Deal angelangt/ dingte ich mir 4. Knechte und 2. Mägde/ und fuhr in Gesellschafft 80. Personen so fort. Das Schiff ging 13. Fuß unter Wasser/ unser Tractament an Speis und Tranck war fast schlecht/ denn 10. Personen bekamen wochendlich 3. Pfund Butter. Täglich 4. Kannten Biers/ und 1. Kanten Wassers. Alle Mittage 2. Schüsseln voll Erbsen/ und in der Wochen 4. Mittage Fleisch/ und 3. Mittage gesaltzene Fische/ die man mit der empfangenen Butter selbst zurich=

zurichten/ und jedesmals von dem Mittag=Essen so viel auffsparen muß/ daß man zu Nacht zu essen habe. Weilen nun diese Speisen fast hart/ und so wol Fleisch als Fische schmeckend zu seyn pflegen/ so muß sich ein jeder mit Erfrischungs=Mitteln versehen wann er zu Schiff tritt. Oder muß mit dem Schiffs=Patron so wohl der Qualität als Quantität der Speisen halber puctuellement bedingen/ was er täglich bekommen soll. Diesen aber desto genauer darzu zu verbinden/ muß man etwas von der Fracht innen behalten/ und allhier zu bezahlen versprechen; auch wo möglich sich auf ein solch Schiff auffdingen/ das biß in die Stadt Philadelphiam abfährt/ alldieweilen man mit denen andern Schiffen/ die in Upland liegen bleiben/ noch allerley Molestien unterworffen ist.

Den 16. Aug. 1683. bekamen wir Americam zu Gesichte/ gelangten aber erst den 18. ejusdem in dem de la Ware-Fluß an. Den 20. ejusdem fuhren wir Neu=Castle und Upland vorbey/ und arrivirten gegen Abend glücklich zu Philadelphia an/ allwo ich von dem Gouverneur William Penn mit Lieb=voller Freundligkeit empfangen wurde/ dessen Secretarius, Johann Lehenmann/ vertrauliche Brüderschafft mit mir machte/ auch lässet mich nun der Herr Gouverneur zum öfftern an seine Tafel beruffen/ und seiner erbaulichen Discursen geniessen. Da ich letzthin 8. Tage abwesend war/ kam er selbst mich zu besuchen/ und hieß mich wochendlich 2. mahl zu seiner Tafel kommen/ und contestirte gegen seinen Räthen/ daß er mich und die Hoch=Teutsche sehr liebete/

und wolte haben/ daß sie dergleichen auch thun solten.

Das XVII. Capitel.
Von unserer Teutschen allhiesigen Beruff.

NEbenst deme/ daß die Hoch=Teutsche Compagnia mit wollinen und leinin Getüch/ auch allerhand ersinnlichen Wahren eine Kauffmannschafft hiesiger Orten angerichtet/ und mir die Ober=Inspection anvertrauet hat/ so ist noch ferner zu wissen: Daß wir auch bey 30000. Morgen Landes um eine Hoch=teutsche Coloniam aufzurichten erkauffet haben. Inmassen in meiner neu=angelegten Stadt Germanton bereits 64. Haushaltungen im Flor stehen. Solche Inwohner nun/ wie auch andere ankommende zu ernähren/ da müssen die Feldungen angebaut/ und Aecker zugerichtet werden. Man wende sich aber hin wo man wolle/ da heisset es: Itur in antiquam sylvam, und ist alles mit Holtz überwachsen/ also daß ich mir offt ein paar dutzet starcke Thyroler gewünschet/ welche die dicke Aychen=Bäume darnider geworffen hätten/ so wir aber nach und nach selbst haben verrichten müssen/ worbey ich mir eingebildet/ daß die jenige Pönitentz/ mit welcher GOtt den Ungehorsam des Adams gestraffet hat/ nemlich daß er im Schweis seines Angesichtes sein Brod essen solle/ auch uns Nachkömmlingen in diesem Lande dictiret und
gege=

gegeben seye/ dann es heisset hier: Hic opus, hic labor est, und ist nicht genug Geld/ sondern auch Geneigtheit zur Arbeit mit anhero zu bringen/ und des Kaysers Septimii Severi Wahl-Spruch in Obacht zu nehmen/ der da heisset: Laboremus. Absque labore nihil. Quo major, hoc laboriosior.

Dann der jenige ist doch am besten daran/ den der Teuffel nicht müssig findet. Immittelst gebrauchen wir uns der wilden Leute in Taglohns-Diensten/ erlernen allgemählich ihre Sprache/ und bringen ihnen nach und nach die Lehre von Christo bey/ invitiren sie zu Besuchung unsers Gottesdienstes/ und hoffen in bälde mit Freuden berichten zu können/ wie daß die Barmhertzigkeit des höchsten Gottes das Liecht seines H. Evangelii auch in diesen Landen habe lassen auffgehen/ und zu seines grossen Namens Ehre hervor leuchten. Deme sey allein der Preiß/ der Ruhm/ der Danck/ und die Glori ohne Ende.

Fernerer Bericht aus Pensylvania vom 7. Jan. 1684.

Ich hatte in meinen jüngsten berichtet/ wie daß ich bey meiner Anherokunfft von dem allhiesigen Landes-Herrn/ William Penn/ mit sehr affectionirter Freundligkeit empfangen worden; Nun solle ferners nicht verhalten/ wie derselbe seine zu mir tragende Gewogenheit täglich mehr und mehr im Werck verspüren lässet/ mir auch disseitige Landschafft je länger je besser gefället/ daß ich dahero dickmahls wünsche meine liebwertheste Eltern und liebe Geschwistrigte bey mir zu haben/ wohl wissende/ wie daß euch solcher Wechsel nicht gereuen werde/ der ich euch beständig liebe/ und zu bedienen verlange. Dann ob ich zwar dem Leibe nach eurer Anwesenheit beraubet bin/ so bin ich doch in kindlicher Liebe euch allezeit gegenwärtig/ und habe euch stets in meinem Sinn und Gedancken. Ich lebe allhier in den Wercken meines Beruffs in Einfältigkeit meines Hertzens gegen GOtt/ und gegen meinem Neben=Christen. Ich habe für mich erkaufft 600. Morgen Landes/ und daran einen guten Theil bäuig gemacht/ so daß ich von dem bescherten Uberflusse auch andere bedienen kan. Bin also mit meinem Zustande hertzlich zufrieden/ und habe meine Ruhe in GOtt/ dessen Genaden=Liecht ich von Tag zu Tage je länger je mehr in meinem Hertzen verspüre/ gefolglich einen gnädigen GOtt und eine unverletzte Conscientz habe/ welche zwey Stücke ich allen Schätzen Egypti weit vorziehe.

Worbey nebenst ich warhafftig contestiren kan/ daß meine Seele voll Liebe/ Ehrerbietung und Dienstwilligkeit gegen euch und meine liebe Geschwistricht sehe/ die ich hiemit grundhertzig grüsse und küsse/ mit Versicherung/ daß ich ihrenthalben die Reise noch einmahl gerne thun wolte/ um sie anher zu holen/ wann nur einige Befehlszeilen erhalten werde. Immittelst verbleibe unter der allwaltenden Schutz=Hand unsers Emanuelis allezeit/ ꝛc.

Siche=

Sichere und umständliche Nachricht an die Europäische Societät-Verwandte aus Pensylvania den 7. Martii 1684.

Liebwerthe Freunde: Ich möchte wohl wünschen/ daß mit dieser Adlers-Feder die zu euch tragende Lieb und Treue recht ausdrücken und in der That bezeugen könte/ daß es nicht eine blosse Lippen-Liebe/ sondern die euch mehr gutes gönnet/ als mir selbsten.

Mein Hertz ist sicherlich durch das Band der Liebe an das eure fest angeknüpffet/ daß ich versichert bin/ daß wir in Christo eines sind. Und ich dannenhero auff euere Frage: Ob ich mit reiner unversehrter Conscientz einem oder dem andern aus euch rathen könne sich anhero zu transportiren? Mit vorbedachten Muth und guten Gewissen wohl antworten kan: Daß ich zwar eurer leiblichen Gegenwart zu meiner Consolation von Hertzen gerne wolte theilhafftig seyn; jedennoch aber euch die Uberfarth anderer Gestalt nicht/ als auff die hernach gesetzte drey Conditiones einrathen kan:

1. Daß sich einer gäntzlich mit allem was er ist und hat/ dem lieben GOtt zum Leben und zum sterben resigniren und erlassen könne.

2. Daß er die Beschwer- und Gefährlichkeit der langwürigen Reise nicht förchte.

3. Daß er vor der harten Schiffs-Kost nicht erschrecke/ und auch hier im Lande mit schlechtem Quartier und geringer Speisung vorlieb zu nehmen resolviret seye.

wer diese Resolution bey sich nicht befindet/ der folge meinem Rath und bleibe noch eine zeitlang draussen/ biß wir das Land in bessern Bau und Gewerbschafft gesetzt haben.

Wenne aber die jetzt erzehlte Puncten nicht zu hart fallen/ der mag in dem Nahmen des HErrn aus dem Europäischen Babylon ausgehen / er muß es aber nicht also machen wie dorten des Loths Weib / welche zwar mit den Füssen fort ging/ ihr Hertz und Zuneigung aber in der Stadt Sodoma bey ihren bequemlichen Hausrathe ließ/ und sich darnach umsahe / so ihr aber übel bekommen.

Wer nun die ernstliche Resolution hat über zu fahren/ und quâ Intentionem fertig und bereit ist/ deme diene dieses zur Nachricht/ daß er mit sich nehme Butter/ Käß/ Zucker/ Wein/ Brandwein/ Gewürtz/ Baumöl/ Cerbalar-Würst/ Hirs/ Reiß/ gerennelte Gersten/ allerhand Feld- und Garten-Saamen/ eiserne Häfen/ Kesselein/ Flinden-Röhr zum Wild schiessen/ ꝛc. Sonsten habe nicht ermangeln sollen von ein und andern allhiesigen Begebenheiten parte zu geben.

Ich war jüngst an unsers Gouverneurs William Penns Tafel/ allwo auch ein wilder König sich befande/ zu deme sagte William Penn/ daß ich ein Hoch-teutscher/ und also der Allerferneste von ihnen entlegen wäre. Dieser kam nun etliche Tage hernach mit seiner Königin gen Germanton/ mich zu besuchen/ deme ich nach Vermögen auffwartete/ und auch denen Seinigen mit Speiß und

und Tranck begegnete/ die dann alle sämtlichen eine mercklichte Gegenliebe gegen mich verspüren liessen/ und mich Carissimo (das ist Bruder) nenneten.

Ein andersmahl besuchte der König Colkanicha unsern Gouverneur, und bezeugte grosse Inclination zu der Christen Religion/ und zu dem Licht der Warheit in seinem Hertzen. Er ward unversehens bey uns mit einer Unpäßlichkeit überfallen/ resolvirte sich doch bey uns zu verbleiben/ und als die Kranckheit zunahm/ ließ er seines Bruders Sohn/ Jahtiosol/ zu sich erfordern/ und setzte ihn in gegenwart vieler der Unserigen und der Seinigen mit nachfolgenden Worten zu einem König ein:

Mein Bruders Sohn: An diesem Tage ergib ich dir mein Hertze in deinen Busen/ und ich will daß du das/ was gut ist/ liebest/ mit guter Gesellschafft umgehest/ und dich dessen was böse ist/ enthaltest/ und üble Gesellschafft meidest. Auch wann etwa Unterredungen geschehen/ so sprich du nicht zu erst/ sondern laß sie alle erst vor dir reden/ und nimm wohl in acht/ was ein jeder saget/ und wann du alles gehört hast/ so halte dich zu dem was gut ist/ wie ich auch gethan habe.

Wiewohlen ich nun Schoppii zum Könige an meine Statt verordnen wollen/ so habe doch von meinem Artzte vernommen/ daß Schoppii ihme heimlich befohlen/ mich dafern ich kranck würde nicht zu curiren oder gesund zu machen/ und

da

da er mit mir in Halling Scheads Hause war/ habe ich selbst gesehen / daß er mehr geneigt war zum Trunck / als meine letzte Worte zu hören / derohalben versagte ich ihme / daß er an meine statt nicht solte König werden/ und habe dich meines Bruders Sohn an dessen statt erwehlet. Lieber Bruders Sohn ich will daß du schlecht und recht / so wohl mit denen Indianern / als Christen umgehest / gleich wie ich gethan habe. Ich bin sehr schwach / sonsten wolte ich noch mehr reden. Und bald nach dieser Rede verschied er.

Ein arglistiger Wilder kam dieser Tagen zu mir / und versprach mir einen Calicun=Hahn umb gewissen Preiß zu überbringen / er brachte mir aber an dessen statt einen Adler / und wolte mich bereden es wäre ein Calicun / da ich ihme aber vorstellete / wie daß mir der Unterscheid dieser Vögel gar wohl bekannt wäre / sprach er zu einem darbey stehenden Schweden / er hätte nicht gemeinet / daß dieser erst neulich angekommene Hoch=Teutsche diese Vögel schon kennen solte. Woraus dann abzunehmen / daß auch die Laster der Lügen und deß Betrugs disseits des Meers in der neuen Welt zu regieren anfangen / aus Verführung der anfangs angekommenen alten Christen / so da Welt=gesinnet / und nicht ein Geist mit GOtt sind. Derowegen die ewige Weisheit Christus JESUS demüthigst anzuflehen / daß sie unsere Hertzen bereiten wolle / daß wir gäntzlich Gottes Eigenthum werden / alsdenn nehmen wir von dem Seinen das Unserige / und aus seiner einfliessenden Krafft lieben wir ihme von gantzem Hertzen in Zeit und Ewigkeit. Wel=
ches

ches ich allen von Grund der Seelen anwünsche/
mithin ersterbe

Euer aller gantz Dienst-ergebener

Franc. Dan. Pastorius.

COPIA

Genommenen Abschieds Francisci
Danielis Pastorii/ von seinem Vat=
ter und Befreundten.

Aus Deal den 7. Junii 1683.

Nachdeme ich die Europäische Provinzien und
Landschafften zur genüge besichtiget/ und die
bevorstehende motus belli, und dahero besorgli=
che Veränderungen und Zerrüttungen des Vat=
terlandes zu Hertzen genommen / habe ich mich
durch den sonderbaren Zug des Allerhöchsten be=
wegen lassen in Pensylvanien überzufahren/ der
Hoffnung gelebende/ daß dieses mein Vorhaben
zu mein/ und meiner lieben Geschwistrigten Be=
sten/ zuforderist aber zur Beförderung Göttlicher
Ehre/ (so mein allervornehmster Zweck ist) hin=
aus schlagen werde/ wann zumahlen der Euro=
päischen Welt-Frechheit und Sünden sich von
Tag zu Tage/ je mehr und mehr häuffen/ und da=
hero die gerechte Straff-Gerichte Gottes in die
Länge nicht aussen bleiben können.

Ich hatte in allen meinem thun diese Eitelkeit
und

und Frechheit wohl zu Hertzen genommen/ und deren endlichen Ausgang mit tieffen Nachsinnen betrachtet/ wie daß nemlichen Leib und Leben/ Haab und Gut/ Ehr und Wolluſt allzumal dem Tode und der Zergänglichkeit unterworffen. Die Seele aber einmahl verlohren/ iſt vor ewig verlohren. Semel periisse æternum est.

Derowegen ich zeitlichen und ewigen Unheil zu entfliehen/ dieſe Reiſe und Uberfarth über den groſſen Oceanum unter Gottes heiligen Geleite um ſo lieber angetretten/ und ſamt 9. mir angehörigen Perſonen in Begleitung verſchiedener anſehnlichen Familien den 7. Jun. 1683. von Deal abgeſegelt/ in Hoffnung/ der HErr/ welcher mich biß auff dieſe Stunde ſo reichlich geſegnet/ und ſeinen Engeln über mir befohlen Wache zu halten/ werde meinen Aus= und Eingang dergeſtalt regiren/ daß dardurch ſein allerheiligſter Name auch jenſeit des Meers an unbekannten Orten geprieſen werde.

Ich befehle darauff den Herrn Vatern und alle liebe Angehörige in deſſen Allwaltende Schutzhand/ und ſo bald mir der HErr in Penſylvanien überhilfft/ werde ich von allen weitläuftigere Relation abſtatten. Iſt es aber ſein heiliger Wille mich auff dem Wege abzufordern/ bin ich von Hertzen bereit/ und nehme deßwegen von dem Herrn Vatter kindgebührlichen Abſchied/ mit nochmahlig gehorſamer Danckſagung für alle ſo überflüſſig erwieſene Lieb und Treue; GOtt vergelte es in Zeit und Ewigkeit.

Ich

Ich erinnere mich auch in meinem Reise=Tour
eine Grabschrifft gelesen zu haben/ welche also
lautete:

Der ich bey frembder Grufft so manche
 Schrifft gelesen/
Und deren gute Zahl in dieses Buch ge=
 bracht/
Weiß nicht wo? wann? und wie? ich
 selbsten werd verwesen/
Drum gib ich Welt=Lust dir nun tausend
 gute Nacht.

Sehen wir einander derowegen nicht mehr unter
dem Himmel/ so wird es seyn in dem Himmel/
wo wir anderst den Willen GOttes allhier auff
Erden vollbringen/ welches ich von Grund der
Seelen wünsche und biß in Tod verbleibe

Des Herrn Vatters

Treugehorsamster Sohn

F. D. P.

Ejusdem Literae an Herrn D. Schützen
zu Franckfurth am Mayn/ vom 30. May
1685.

Es scheinet fast/ daß die meisten ihre gute Intention (allhier in Pensylvania GOTT und
dem Nechsten in Stilligkeit ihres Gemüts zu die=
nen) nicht so vollkommlich erreichen können/ son=
dern deren etliche/ gleichsam wider Willen/ in
mancherley Welt=Affairen/ (mit Verabsaumung
des Einen so nöthig ist) geflochten werden.

Ich

Ich meines Orts kan nunmehro selbsten nicht anderst / als daß meine Gedancken bald zu Philadelphia / bald zu Germanopel habe / welche ich doch allerliebsts allezeit in dem Himmlischen Jerusalem haben möchte / in der zukünfftigen Stadt des HErrn / welche da ewig währet und mit allem Ernst von mir und allen Gottliebenden zu suchen ist. Alleine das Amt eines getreuen Auffsehers / welches mir anvertrauet ist / muß auch mit möglichem Fleiß und Treu verwaltet seyn. Meinen hertzlichen Gruß an alle Freunde zu Franckfurth / Wesel und Duisburg. Und wolle mein werthester Hertzensfreund nicht zweiffelen / daß ich unter deß Allerhöchsten Empfehlung in unveränderter Liebe biß an mein Ende verbleiben werde / ꝛc. ꝛc.

Herr Doctor Joh. Jacob Schütz thäte hierauff diesen Seuffzer: Ach daß diese so genannte Neue Welt sich mit Ungerechtigkeit und Ubertrettungen nicht auch so besudeln möchte als unsere Alte Welt mit derselben gantz überzogen ist / und an statt deß benöthigten sauberens / nur täglich darinnen gestärcket wird. Der HErr aber kennet die Seinigen / dieses ist gar ein bewerthes Siegel für alle die seine Erscheinung lieb haben.

Brieffe

Brieffe aus Pensylvanien von
10. Octobr. 1691.

HErtzlich geliebter Herr Vatter. Bey gegenwärtiger Gelegenheit habe / nebst Abstattung meiner cordialen Lieb und Respects / nicht vorbey gekonnt meinen und der Meinigen guten Zustand kürtzlichen zu berichten / von Grund der Seelen wünschende / daß es dem Herrn Vatter sammt Angehörigen ebenfalls wolergehe / und der Allerhöchste euch sämtlichen nach seinem heiligen Willen von denen verderblichen Straff-Gerichten / die er in diesen unsern Tagen über die Europäische Unbußfertigkeit durch Türcken und Frantzosen ausübet / erretten und bewahren wolle. Dann deren Frantzosen barbarische Proceduren mit Verwüstung so schöner Städte / Kirchen / und Kayserlicher Begräbnussen / auch Mord-brennerey haben wir hier zu Lande mitleydentlich angehört / und sind dardurch in unsern Glauben gestärcket worden / daß man nicht auff fleischliche Macht und veste Castellen / sondern eintzig und allein auff die göttliche Schutzhand vertrauen solle / deren es so leichte ist uns gegen alle feindliche Anfälle zu beschirmen / als unmöglich es sothane steinerne Schantzen thun können.

Wir wissen zwar nicht wie es anitzo in Hoch-Teutschland stehe / nachdeme lang keine Schiffe bey uns arrivirt sind / doch halten wir festiglich darfür / daß vor erfolgender Lebens-Besserung die Plagen nicht so leicht auffhören werden.

Immittelst gebe der Höchste dem Hrn. Vattern

tern beständig-gesegneten Wolstand/ biß die briefliche Correspondentz wiederum kan fortgesetzet
werden. Lasset uns nur in Christlicher Gelassen-
heit an dem inwendigen Menschen in rechtschaffener
Liebe wachsen/ und einander in hertzlicher Affection als Einer in Christo umfassen/ woran uns
weder die Entlegenheit der Oerter/ noch die Gefährlichkeit der See-Räuber/ oder einige andere
Umbstände verhindern mögen.

Ferner berichte/ daß unser Gouverneur/ William Penn/ uns Hoch-Teutschen in der Stadt
Germanton einige Privilegia aus Engeland zu-
gesandt/ und mich zum ersten Burgermeister und
Friedens-Richter in dieser Stadt verordnet hat/
so daß wir nun unsere eigene Raths-Sessiones
und Gerichte halten/ doch alles nach denen Englischen Gesetzen.

Und als ich hierzu die behörige Anordnungen
und Leges concepirte/ auch den 2. Jun. 1691.
das erstere Germantonische Raths-Buch an-
fieng/ stellete ich folgende heilsame Erinnerungen
voran.

Es ist keine Obrigkeit/ ohne von GOtt. Rom.
13. v. 1.

Euch ist die Obrigkeit gegeben vom HErrn/
und die Gewalt vom Höchsten/ welcher wird fragen wie ihr handelt. Sap. 1.

Darumb so lasset die Forcht deß HErrn bey
euch seyn/ und nehmet nicht Geschencke. Exod.
23. v. 8.

Be-

Beleidiget keine Wittib noch Waisen. Exod. 22. v. 22.

Schaffet dem Armen Recht und helffet dem Elenden und Dörfftigen. Pf. 82. v. 7.

Richtet recht zwischen jedermann / sehet keine Person an / sondern höret den Kleinen wie den grossen. Deut. 1. v. 16.

Ihr sollt nicht unrecht handlen im Gerichte. Lev. 19. v. 15.

Ihr sollet auch nicht nach Gunst thun. 1. Tim. 5. v. 11.

In euren Wahl=Tägen setzet zu Häuptern ü=bers Volck redliche / weise / erfahrne und verstän=dige Leute / die GOtt förchten / warhafftig und dem Geitze feind sind. Deut. 1. v. 13.

Fromme Menschen die kein verkehrt Hertze noch stoltze Geberden und hohen Muth haben / auch nicht verläumbderisch / falsch und lügenhafft sind. Pf. 101. v. 4.

Wie ihr wollet das euch die Leute thun sollen / also thut ihr ihnen auch. Luc. 6. v. 31.

Obgemeldt angeordnetes Raths=Collegium hat nun auch sein eigenes Insigel / worauff nach Ausweis des Abdrucks ein Trifolium, uff dessen einem Blätlein ein Weinstock / uff dem andern eine Flachs=Blume / und uff dem dritten ein We=bers=Spuhle abgebildet / cum Inscriptione: Vinum, Linum & Textrinum. Anzuzeigen / daß man sich diß Orts mit Weinbau / Flachsbau / und Handwercksleuthen mit GOtt und Ehren er=nehren wolle.

D 2

Inmassen wir friedsam und vergnügt leben/ ohne Appetit deß vergänglichen Reichthumbs/ so wir nur Kleider und Nahrung in dieser unserer Pilgerschafft haben/ so wenden wir übrigens unsere Augen allezeit vorwarts zu dem himmlischen Jerusalem unserm rechten Vatterlande.

Daß sonsten der Herr Vatter in seinem an mich erlassenen Schreiben meldet/ daß er mir in dieser Zeitlichkeit gerne mehr gutes erweisen mögte/ erkenne ich für einen allzu überflüssigen Affect seiner vätterlichen Zuneigung/ von deren ich anitzo/ da mir GOtt selbsten ein Kind beschehret hat/ weit besser denn zuvor urtheilen/ und das Axioma: Amorem descendere potius quam ascendere, gründlicher verstehen kan. Mir ist von dem Herrn Vatter mehr gutes geschehen/ als ich weder verdient habe, noch immer fähig seyn werde zu vergelten; So daß ich öffters bey mir zuruck denckende/ in meinem Hertzen sage: Ach hätte dein lieber Vatter die grosse Summen welche er mir paar auff den Academien zugesandt hat/ gesparet/ umb seiner nun im Alter darmit zu pflegen/ ꝛc. Alleine was geschehen/ das kan nicht zuruck gewünschet werden. Gott der Allerhöchste belohne denselben alle an mir erzeigte Liebe/ Treue/ und Wolthat aufs reicheste mit himmlischen Seegen in Zeit und Ewigkeit. In dessen Anbefehlnuß ich biß in Tod verbleibe/ ꝛc.

10. Oct. 1691.

Den 7. Junii 1692. ist in der Insul Jamaica ein so grausames Erdbeben gewesen/ daß es den grösten Theil der Haupt=Stadt Port Royal zerschmettert/ und bey 2500. Menschen vernichtet/ ohne was für Landvolck von Bergen und Hügeln ist bedecket worden. Unter denen auch mein guter Freund und vormahls gewester Reisgefehrde/ Mardochai Loyd/ in einen hohlen Berg zwar ist verschlungen/ und doch in dessen Gängen durch Göttliche wunderbahre Schickung also ist erhalten worden/ daß er unten durch eine Höhle wiederum heraus gekrochen/ und sein Leben als eine Beuthe davon gebracht.

Und hat sich bey diesem grausamen Erdbeben auch dieses Wunder begeben/ daß einige a la mode gekleidete Weibspersonen/ die mit hohen Auffsätzen und Fontagen als mit doppelten Köpffen daher zogen/ biß halben Leibs in die Erde versuncken/ die man auf keine weise ausgraben oder von dem Orte removiren konnte/ biß sie deß Todes erstarret/ und gleichsam des Teuffels Prang=Säulen agiren müssen.

Weiterer Bericht aus Germantown vom 1. Jun. 1693.

NEchst kindschuldigsten Gruß und Wunsch alles gesegneten Wohlwesens an Seel und Leib/ kan ich hiermit nicht unterlassen zu berichten/ wie eine unvergleichliche Freude mir widerfähret/ wann ich von deß Herrn Vattern und dessen lieben Angehörigen gesunden Wohlwesen briefliche Nachricht überkomme/ und weilen ich vermuthe/ daß gleichfalls einige euers Orts dann und wann zu wissen verlangen/ wie es mir in dieser neuen noch zimlichen wüsten West-Welt ergehe/ umb deßwillen gedencke ich in hier nachfolgenden Zeilen/ auff deß Herrn Vattern Begehren/ so wohl den Statum publicum hujus Regionis, als privatum meiner selbstigen Famili etwas weitläufftig zu advisiren. Und zwar den erstern allgemeinen Statum betreffende:

So hat der grundgütige GOTT diese Provintz die zehen Jahr über meines Hierseyns dergestalt unter denen Flügeln seiner Barmhertzigkeit gnädig beschirmet/ daß kein feindliches Geschrey/ weder Trummel noch Musqueten-Schall unsere tägliche Arbeit/ und nächtliche Ruhe gebrochen.

Ja wir haben so lange Jahr über keinen Heller weder Kriegs- noch andere Contributionen zu entrichten gehabt/ biß etwa vor 5. Wochen im Namen des Königs Wilhelmi III. der neue Gouverneur/ Benjamin Fletscher/ zu Philadelphia ankam/ mit Königlicher Ordre und Vollmacht

macht diese Landschafft zu verwalten/ biß William Penns Rechtfertigung in Alt=Engeland via Juris, ausgefochten seyn wird. Deme wir zu Ersetzung der Reise=Kosten den 240sten Pfenning/ semel pro semper consentiret. Dieser hat unsere Germantonische Privilegia, Krafft deren wir unser eigen Gerichte und Raths=Versammlung halten dörffen/ uffs neue bestättiget/ und mich zum Irenarcha oder Friedens=Richter in der Philadelphischen Graffschafft constituiret/ worauff er mit seinem Volck wiederum von hier ab/ nacher Neu=Yorck verreiset/ woselbst er ebenmäßig Gouverneur/ wie auch Kriegs=Generalissimus über alle Englische Insuln und Colonien in America ist.

Ich hoffe und wünsche von gutem Hertzen/ daß unser vormahlige Landes=Herr/ William Penn in bälde allen ungleichen Verdacht der mit König James verrätherlich=gepflogenen Correspondentz von sich abwältzen/ und in kurtzem wieder zu uns über kommen werde/ massen seine persönliche Gegenwart vieler Zerrüttunge und Zwyspalt so wohl in Policey= als Religions=Sachen vorbauen/ und mancher zu Unlust Lusthabender Streit=köpffe übelgemeinte Anschläge zu Wasser machen könte.

Dann die etwa vor einem Jahr allhier entstandene Glaubens=Differentz noch nicht sopirt oder beygelegt ist/ da ein jeder vermeint den nechsten und geradesten Weg zum Himmel zu wissen/ und andern zeigen zu können/ da doch sicherlich nicht mehr dann ein einziger ist/ der mit Warheits=Grund von sich selbst gesagt hat: Ich bin der Weg/ die Warheit und das Leben.

Via

Via rectissima (juxta Thomam à Kempis) Veritas suprema, Vita Beata, Via inviolabilis, Veritas infallibilis, Vita interminabilis, Via in Exemplo, Veritas in promisso, Vita in præmio &c. Dieser enge Angst=Weg bringt uns endlich so hoch/ daß wir die Sternen unter unsern Füssen haben werden. Ob ich nun wohl von einem Theile angesprochen wurde den andern zu unterdrucken/ oder zu vertreiben/ wolte ichs doch lieber auff des rechten Gouverneurs/ William Penns/ Ankunfft und dijudicatur versparen/ vermahnete sie ad interim allerseits zur Sanfftmuth und Einigkeit in hernach folgenden Teutschen und Englischen Versen:

1.

Die Fehler meiner Brüder
Sind mir zwar gantz zuwider/
 Doch wegen eines Worts
Ihr Zeugnuß zu vernichten/
Und freventlich zu richten
 Find ich nicht meines Orts.
Es ist das frevle kämpffen/
Ein schnödes Warheit=dämpffen/
 Ein Art des Bruder=Mords.

2.

Drum wann nun andre fechten/
Umb Schrifft und Buchstab rechten/
 Will ich ohn Heuchel=Schein
(Biß mich der HErr rufft) schweigen/
Friedfertig mich erzeigen/
 Und unpartheyisch seyn/
Das Gute treulich üben/
Mein Freund und Feinde lieben/
 Dann das bringt keine Pein.

3. Kein

3.

Kein Nachreu/ keine Schmertzen/
Kein Unruh in dem Hertzen/
 Kein Zwyspalt/ sondern Freud/
Ja himmlisches Vergnügen/
Wann wir uns wieder fügen
 Zur alten Einigkeit
So uns als Christen ziemet
Und der Apostel rühmet/
 Abmahnend von dem Streit. †

† 1. Cor. 11. v. 16.

4.

Die gern mit disputiren/
Ihr theure Zeit verlieren/
 Die geben nur Verdruß.
Ich wünsch/ daß Gottes Wille
Erfüllt werd in der Stille/
 In steter Reu und Buß.

NB. Hier sind die Englische Verse wegen mir unbekannter Sprache aussen gelassen/ und komme ich auff die so genannte Wilden:

Von diesen natürlichen Inwohnern dieser Landen kan ich wenig melden zu Satisfaction derer/ so ihr Augenmerck mehr auff eine eusserliche Mund=Bekäntnuß/ als auf eine würckliche Ausübung der Gebotten und Verbotten Christi gerichtet ist. Sie sind zum Theil nicht gar unfüglich mit jenem Sohne in der Evangelischen Histori zu vergleichen/ der sonder vieler Zusage und Angelobnus im Weinberge zu arbeiten/ doch mit getreuer Thätigkeit dessen schön versprechenden Bruder weit bevor ging. Sie leben

viel

viel vergnügter und sorgloser für den künfftigen Morgen / als wir Christen. Sie vervortheilen niemand im Handel und Wandel. Sie wissen auch nichts von dem uns so genau anklebenden hoffärtigen Wesen und Kleider=Mode. Sie fluchen und schweren auch nicht / sind mässig in Speiß und Tranck / und wann sich einer bißweilen vollsaufft / so sind gemeiniglich die Maul=Christen daran schuldig / die umb ihres vermaledehten Eigen=Nutzes willen denenselben starckes Getränck verkauffen.

Ich habe in meiner zehenjährigen allhiesigen Anwesenheit noch nie gehört / daß sie einigem Menschen Gewalt anzuthun versuchet / viel minder jemanden ermordet hätten / da sie doch nicht nur dergleichen zu vollbringen / sondern auch in dem dicken und grossen Walde zu verbergen offtmahlige Gelegenheit hätten; So daß ich in Betrachtung der greulichen Bosheit die in Europa unter denen Schein=Christen getrieben wird / und in reisser Dargegenhaltung dieser meiner jetztmahligen West=Indischen Landsleute auffrichtiger Einfalt jederzeit an Herrn Johann Augustin Litzheimers bey euch gehaltenen Predigt / von dem beschämten Christenthum durch betrachtetes Heydenthum / gedencke / der da pag. 45. meldet: Die Maul=Christen creutzigen den Sohn GOttes / und verspeyen ihren Seeligmacher mit allem Trotz / wann sie wider GOttes Wort dieses zeitliche Geld und Gut / oder dieses vergänglichen Lebens Wohlfarth höher achten als GOtt und die ewige Seeligkeit / dahingegen der Heyd Seneca profitiret: Semper magis nolo, quod Deus vult, quam quod ego, adjungar & adhærebo illi velut Minister

Minister & assecla. Cum illo appeto, cum illo desidero. Nihil recuso omnium quæ ipsi videbuntur.

Tu Deus quocunque me voles, ducito, quam vestem lubet, circumdato, si Magistratum me gerere vis, vel privatum in pauperie esse, ecce non tantum assentior, sed etiam apud alios te defendam & tuebor. Hæc ex Ethnico audi, meditare & erubesce. Aber diesen Heydnischen Tugenden è diametro zuwider suchen unsere Mund=Christen ihre Lust in Fressen/ Sauffen/ Spielen/ Fleisches=Lust/ im Wucher/ Betriegen/ Neyden/ Fluchen und Streiten. Ey du Heydnisches Christenthumb! und bildest dir doch gleichwohl darbey ein/ von deiner Sünde erlöset zu seyn. Scilicet putativè, nullâ subsequente emendatione, quod putare, manifestum errare est.

Ich muß zum Beschluß zu Recommendation meiner unwilden Wilden noch dieses beyfügen/ daß sie gantz abkehrig vom Krieg und Vergiessung menschlichen Bludes sind/ vielmehro Friede halten mit jederman/ da hingegen fast die gantze Christenheit im Harnisch ist/ und mit barbarischer Grausamkeit offensivè & defensivè einander viel ärger als die abscheuligste Unthiere auffreiben und zerreissen. Worvon der Teutsche Poet klaget:

Jedes Thier schont seiner Art/
Wolff/ Tyger/ Löw und Leopard/
Ey wie kommts dann/ daß ein Christ/
Wider seines gleichen ist?
Da ihm doch sein HErr gebeut
Liebe/ Fried und Einigkeit. †

† 1. Joh. 13. v. 34.

Nun meinen particulier Zustand anbelangende/ berichte kürtzlichen: Daß Anno 1688. den 26. Novemb. ich mich allhier zu Germanton an Jungfrau Annam Klostermannin/ Herrn Henrici Klostermanns / Medicinæ Doctoris aus dem Hertzogthum Cleve gebürtig verheurathet habe. Welches mein Eheweib mir Anno 1690. den 30. Martii ein Söhnlein / Namens Johann Samuel zur Welt gebohren. Und dann Anno 1692. den 1. Aprilis das zweyte/ deme der Name Heinrich bey der heiligen Tauffe gegeben worden.

Der HErr unser GOtt wolle sein heilig Angesicht auff diese meine/ und alle andere Kinder in Gnaden kehren/ und ihnen seinen guten H. Geist verleihen/ der sie in alle Warheit leite/ wider Jrrthum und falsche Lehr beschütze/ in seinem Dienst und Gehorsam lasse auffwachsen/ in Creutz und Anfechtungen tröste und stärcke/ daß sie nebst uns einen guten Kampf kämpffen/ Glauben behalten biß ans Ende/ und also die Crone des Lebens und der Herrligkeit darvon bringen mögen.

Daß übrigens der barmhertzige GOTT den Herrn Vattern in diesen gefährlichen Läufften vor totalen Ruin (bevorab da der Frantzösische Hannibal vor euren Augen in der Rotenburger Land-Wehr gesenget und gebrennet hat) noch biß hiehero unter seiner mächtigen Schutzhand conserviret/ wie auch/ daß der Herr Vatter durch ordentliche Rathswahl/ und der Röm. Kayf. Maj. allergnädigste Confirmation zu einem Ober-Richter der Stadt Windsheimb gewehlet worden/
darzu

darzu gratulire ich darum/ dieweilen derselbe nun mehrern Anlaß und Vermögen empfangen hat/ den armen Windsheimb ersprießliche Dienste zu leisten/ juxta monitum Divi Bernhardi: Væ tibi si præes, & non prodes. Derohalben lasset uns unaufhörlich betrachten/ wie daß der Aller=Obriste=Richter der Lebendigen und der Todten uns sothane Obrigkeitliche Macht nicht anvertrauet habe umb unsers privat Nutzens/ sondern umb des gemeinen bestens willen/ und daß er an dem grossen Tage des letzten Urtheils von denen/ welchen viel geben war/ auch viel fordern werde. Juxta illud:

Potentes potenter tormenta patientur.

Und dieses schreibe ich aus erbarmender Liebe die ich zu unserer aller Seelen Seeligkeit trage/ massen uns als Nachfolgern Christi nicht nur obligt vor einander zu beten/ sondern auch bey allen Vorfallenheiten einer den andern zur Heiligkeit auffzumuntern. Ach zur wahren Heiligkeit! ohne welche niemand zu GOtt kommen kan. Und ich verbleibe unter der getreuen Anbefehlung in die Seegens=Hand GOttes Lebenslang/ ꝛc.

Literæ Francisci Danielis Pastorii,

ex Pensylvania.

Ad Tobiam Schumbergium, quondam

Præceptorem suum: V.

De Mundi Vanitate.

VAle, Mundi gemebundi colorata Gloria.
Tua bona, tua dona sperno transitoria.
Quae externe, hodierne splendent pulchra facie,
Cras vanescunt et liquescunt, velut Sal in Glacie.
Quid sunt Reges? Quorum leges terror sunt mor-
talibus:
Multi locis atque focis latent infernalibus.
Ubi Vani, crine cani Maximi Pontifices?
Quos honorant et adorant Cardinales Supplices?
Quid periti, eruditi sunt Doctores Artium?
Quid sunt Harum vel illarum studiosi partium?
Ubi truces Belli Duces? Capita militiae?
Quos accendit et defendit rabies saevitiae?
Tot et tanti, quanti quanti, umbra sunt et vanitas,
Omne Horum nam Decorum brevis est inanitas:
Qui vixerunt, abierunt, restant sola Nomina,
Tanquam stata atque rata nostrae sortis Omina.
Fuit Cato, fuit Plato, Cyrus, Croesus, Socrates,
Periander, Alexander, Xerxes et Hippocrates,
Maximinus, Constantinus, Gyges, Anaxagoras,
Epicurus, Palinurus, Demonax, Pythagoras,
Caesar fortis, causa mortis tot altarum partium.
Ciceronem et Nasonem nil iuvabat Artium.
Sed Hos cunctos iam defunctos tempore praeterito
Non est e re recensere. Hinc concludo merito:
Qui nunc degunt atque regunt Orbem huius seculi,
Mox sequentur et labentur velut Schema speculi.
Et dum mersi universi sunt in mortis gremium,
Vel Infernum, vel aeternum sunt capturi praemium.
Hincce dei JESU mei invoco Clementiam,
Ut Is sursum cordis cursum ducat ad Essentiam
Trinitatis, quae Beatis summam dat Laetitiam.

(Pastorius).

Von der Welt Eitelkeit.

Fahre hin, der Erdenkinder übertünchte Herrlichkeit!
Deine Habe, deine Gabe bin zu lassen ich bereit.
Was so gleißend und verheißend heut' sich bläht in Uebermuth,
Morgen schwind't es und zerrinnt es, wie das Salz im Eise thut.
Jene Fürsten, die da dürsten nach dem Schweiß der Sterblichen,
Ihre Stelle in der Hölle fanden die Verderblichen.
Jene schlauen, altersgrauen Päpste in Sanct Peters Saal,
Und die ihnen gläubig dienen, jene Cardinäle all',
Die gelehrten hochgeehrten Häupter voller Wissensdunst,
Und die strebten, weil sie lebten, nach der mächt'gen Herren Gunst,
All' die Krieger, all' die Sieger, all' die Stolzen voller Muth,
Die entzündet und verbündet grause, mörderische Wuth, —
Jäh zu Falle kamen Alle, Schatten sind sie, sind dahin;
Ach, wie flüchtig, ach, wie nichtig ist des kurzen Seins Gewinn!
Die da lebten, sie entschwebten, bleibend sind die Namen bloß,
Diese bleichen Mahnungszeichen an das flücht'ge Erdenloos.
Hin ist Cato, hin ist Plato, Cyrus, Crösus, Sokrates,
Periander, Alexander, Xerxes und Hippokrates,
Maximinus, Constantinus, Gyges, Anaxagoras,
Epikurus, Palinurus, Demonax, Pythagoras;
Cäsar, er, der große Mörder, steten Blutvergießens froh,
Und die Richter und die Dichter, und Ovid und Cicero:
Alle schwanden, Alle fanden Ruhe in der Zeiten Fluß;
Nicht sie strafen will ich; schlafen laßt sie! Nur noch dies zum Schluß:
Die da schalten, die da walten in der Welt nach Menschenbrauch,
Werden weichen und verbleichen wie ein Schemen, wie ein Rauch;
Hier bleibt Keiner, auch nicht Einer; Alle zieht des Todes Macht,
Die zum Lichte, zum Gerichte Jene, in der Hölle Nacht.
Hab' Erbarmen mit mir Armen! JESU, geh' nicht in's Gericht,
Laß die Seele ohne Fehle schweben zu dem ew'gen Licht,
Wo dreifaltig, allgewaltig Gott den Frommen Heil verspricht.

(Uebersetzt von Ed. Schauenburg.)

COPIA

Schreibens aus Pensylvania
von 30. Martii 1694.

In meinem jüngsten vom 1. Jun. 1693. habe ich so wohl den allhiesigen Statum Publicum, als auch propriæ meæ familiæ umständlichen berichtet/ mittlerzeit/ nemlich den 8. Febr. 1694. empfing ich so wohl dessen/ als auch meines liebwerthen Bruders Augustini Adams erstere Zeilen/ so ich nun beede kürtzlich beantworte/ absonderlich aber mich ob des Herrn Vattern erträglichen Zustande/ und in GOtt/ als dem einigen und ewigen Centro ruhende Gemüths-Zufriedenheit umb so mehrers erfreue/ dieweilen solche beederley Seelen und Leibes Wohlfarth in gegenwärtigen gefährlichen Zeiten viel Millionen unserer Neben-Menschen entbehren und ermangeln. GOtt der allein gute und mächtige Hüter seines Israelis lasse euch noch ferner unter dem Schatten seiner Flügel sicher und ruhig wohnen; Er gebe euch was zu eurer unendlichen Glückseeligkeit diß und jenseith des Grabes ersprießlich ist.

Ich und die liebe Meinige befinden uns annoch bey dergleichen wohlergehen/ als in meinem vorigen gemeldet/ in einer stillen und friedlichen privat Lebens-Art/ und ob ich wohl noch mit der Inspection über das Justitz-Wesen so wohl zu Germanton als zu Philadelphia beladen bin/ so hindern doch solche äusserliche Ampts-Geschäffte das inwendige Gefühl des sanfft- und demü-
thigen

thigen privat=Lebens JEsu Christi so gar nit/ daß ich auch mitten in jener Verrichtunge wohl sagen kan: revertere anima mea in requiem tuam; ein vertraulicher Freund aus Franckfurt berichtete mich neulich/ was massen die kaltgesinnete Lutherische Prediger durch die Pietisten/ die Päpstische werckheiligen aber durch die Quietisten etwas angefochten und erschüttert würden/ welche ich vor unzweiffelbare Vorlauffere der/ GOtt gebe/ bald hereinbrechenden Zukunfft und Erscheinung seines eingebohrnen lieben Sohns achte. Wohl dann/ und ewig wohl allen denen/ die Oel in ihren Lampen haben/ und bereit sind diesen gebenedeyten Bräutigam entgegen/ und mit ihme zur Hochzeit=Freude einzugehen. Ich habe aber anbey mit Verwunderung vernommen/ daß beederseits/ Molinas und seine Asseclæ, so dann auch die uff den thätigen Glauben tringende Pietisten/ als göttlichen Warheits Zeugen/ fast hefftig verfolget werden/ als wolte man den Rathe GOttes widerstehen/ und über der Menschen Gewissen herrschen/ in denen doch GOtt allein sich seinen Sitz als eine Prærogativ vorbehalten hat. Sie werden einstens sehen in weme sie gestochen haben. Verbum Domini manet in æternum. Gottes Wort und die Warheit lassen sich nicht unterdrucken.

Nun auff meines lieben Bruders Augustini Adami Fragen zu antworten/ wie es umb der hiesigen Wilden Könige Hofhaltungen beschaffen seye? So ist zu wissen/ daß ihre königliche Palläste dermassen schlecht beschaffen sind/ daß

E ich

ich sie nicht wohl beschreiben kan. Es ist nur ein einziges Gemach oder Zimmer in einer Baum-Hütten mit Baum-Rinden gedeckt / ohne Schorstein / Stiegen und Secret. Diese Könige gehen selbst mit auff die Jagt / schiessen wilde Thiere / und nähren sich ihrer Hand Arbeit. Sie haben weder Knechte / noch Laqueyen / weder Mägde noch Staats-Jungfrauen / und was soll ein Stallmeister deme der kein Pferd hält / sondern allezeit zu Fusse gehet. So ist auch kein Hofmeister vonnöthen / wo man ausser seinem Leib / Weib und Kindern niemand anders zu versorgen hat / sie leben schlecht und recht der Natur gemäß / quæ paucis contenta est. Ihre Kauffmannsschafft mit uns Christen bestehet darinn / daß sie Bären- Elend- Hirsch- und andere Häut; Item Biber / Marder / Ottern und anders Beltzwerck / auch Calecunen / Wildpret und Fisch zu Marckte bringen / darfür sie Pulver / Bley / wollne Decken / und Brandwein einhandlen / welches letztere doch / wie auch sonst alles starcke Getränck an sie zu verkauffen in unsern Gesetzen verbotten und straffbar ist / weilen es von ihnen mißbrauchet wird / und zu ihrem Schaden gereichet.

Sie gebrauchen sich keiner Back-Oefen / sondern backen ihr Brod in der Asche. Es sind dieser wilden Leute auch in Zeit meines Hierseyns sehr viele gestorben / so daß fast nicht mehr der vierdte Theil vorhanden der vor 10. Jahren / da ich ins Land kam / gesehen ward.

Den 8. Febr. dieses 1694. Jahrs kriegte ich
auch

auch einige wenige Zeilen von meinem Baten/ Frantz Jacob Mercklein/ welchen ich im achtzehenden Jahr meines Alters aus dem Wasserbad der heiligen Tauff gehoben habe/ selbst noch mit dem heiligen Geist ungetaufft seyende/ und Christum noch nicht angezogen habende. Diesen bitte meinetwegen freundlich zu grüssen/ und ernstlich zu ermahnen/ daß er den Bund/ welchen ich zu selbiger Zeit vor ihm mit GOtt gemacht/ dem Teuffel aber/ der Welt, und denen Fleisches-Lüsten in seinem Namen abgesagt habe/ treueysserig halten/ und nicht brechen wolle/ denn solche erste Zusage gehet allen andern Verpflichtungen weit/ weit vor/ und ist die wahre Tauffe nicht das Abthun des Unflats vom Fleisch; sondern sie ist der Bund eines guten Gewissens mit GOtt/ rc.

Lebt sein Herr Vatter/ Johann Caspar/ dessen Brüder/ Johann Jacob und Abraham/ noch? wie auch mein Vetter/ Lucas Klein/ und Herr Doct. Grimm rc. bitte ihnen meine hertzliche Lieb und freundlichsten Gruß zu verkünden/ dann ich mit Nazianzeno wünsche: Ne quis illorum pereat. Und ob ich mir zwar keine Rechnung mache/ dieselbe in dieser sterblichen Hütten/ oder mit leiblichen Augen mehr zu sehen; So ist hingegen meine auffrichtige Begierde/ und ernstliches Flehen zu GOtt im Himmel/ daß er uns allesamt durch seinen H. Geist wiedergebähren/ erleuchten/ und in alle Warheit führen/ so dann in seinem Dienst und Gehorsam erhalten/ in Anfechtung und Versuchung stärcken/ im zustehenden Creutz aber trösten wolle/ damit wir in wahren Glauben und

thä=

thätiger brünstiger Liebe und Christlichen guten Wercken wachsen/ und endlichen/ wann wir unsern bestimmten Lauff vollendet/ in das herrliche Königreich seines lieben Sohnes JESU Christi gelangen/ und alldar ihme mit ewigen Alleluja dancken/ und das Heilig/ Heilig/ Heilig singen mögen. Wormit nebst kindlicher Begrüssung von mir/ meinem Eheweib/ und zweyen Söhnlein Lebenswürig verbleibe/ :c.

Germanton den 30. Martii 1694.

Schreiben aus Germanton vom
letzten Apr. 1695.

P. P.

Vor etlichen Monaten kamen verschiedene Teutsche/ und nun wider vor 8. Tagen ein Ungar Namens Saroschy (der sich ehedessen eine Zeit lang bey Herrn Schumberg aufgehalten hat) allhier an/ brachten aber weder jener noch dieser eintzigen Buchstaben von Windsheim mit/ so/ daß nebenst Betrachtung meiner eigenen Sterbligkeit/ auch zuweilen gedencke: Ob vielleicht der Herr Vatter den Lauff seiner Pilgerschafft geendet? und also alles Jammers und Elendes Feyerabend erlanget haben möchte. Dann denen die in dem HErrn sterben ist der Tod nichts anders/ als ein Pförtner des Paradeyses/ per quam itur ad Astra.

Darumb solte je billich unsere meiste Sorge und Arbeit dahin gehen/ daß/ indeme der langmü-
thi-

thige GOtt unsere Tage in dieser irrdischen Hütten verlängert/ wir in Christo seyn und leben/ oder Christus durch seinen heiligen und guten Geist in uns. So wären wir alsdann wohl versichert/ daß wir ausser ihme nicht sterben/ noch ewiglich verderben würden.

Ach der HErr gebe/ daß wir alle nach der Maß uns verliehener Genade und Erkanntnuß den Willen GOttes in Demuth und Gedult vollbringende/ und biß ans End getreu verbleibende/ die unverwelckliche Krone der ewigen Glori darvon bringen mögen.

Diß Landischen Zustand betreffend/ kan und muß ich Göttliche Gütigkeit und Providentz höchlich rühmen/ wir leben in Ruh und Frieden/ mit aller Nothdurfft reichlich versehen und versorget.

Der König in Engeland/ Wilhelmus III. hat unsern Gubernatorem William Penn/ nit allein allen Verdachts der beschuldigten verrätherlichen Correspondentz mit dem König Jacobo ledig gezehlet/ und ihme sein Goubernement über diese Landschafft wiederum zugestellt/ sondern auch seine Person in den Fürstenstand erhoben/ daß er sich nun schreiben solle: William Penn von GOttes Gnaden und deß Königs und Königin Gunst/ Fürst in Pensylvanien. Und hoffen wir nun in bälde seine Uberkunfft. Ich samt meinen zwey Söhnlein befinden uns bey gewünschter Gesundheit/ wir grüssen den Herrn Vatter/ Frau Mutter/ Geschwistrigt/ und alle Bekannte aufs freundlichst/ wünschende von gantzer Seele/ daß es

E 3 euch

euch allen an Leib und Seele wohlergehe/ wormit in Eyl abkürtzende uns sämmtlich der mächtigen Schutz=Hand GOTTes anbefohlen und verharre/ ⁊c.

Missiv aus Germanton den
21. Jun. 1695.

GEgenwärtige Zeilen geliebe der Herr Vatter als ein Echo meiner vorigen anzunehmen/ im Fall dieselbige vielleicht nicht zurecht ankommen wären/ woran die bekannte Unsicherheit der See mich zweifflend machet/ und auch deswegen nicht hoffen darff viele weitere Brieff von dessen werthen Hand zu empfangen/ um welche ich aber gleichwohl kindlich hiermit anhalte. Wir leben hier zu Lande noch bey vergnüglichen Zustande in guter Gesundheit und erwünschten Frieden/ zweyen unschätzbaren Gaben des Allerhöchsten/ betragen uns auch sehr wohl mit unsern benachbarten Wilden/ die ich in der That und Warheit melius moratos & hospitaliores in quoscunque advenas befinde/ als bey euch die Christen/ so historicè die Facta Christi zu erzehlen wissen/ durch ihr ungöttliches Leben aber/ die Krafft des Glaubens/ und die Imitationem Christi wiederum verlaugnen/ und also eine mercfliche Differentz ist inter Christianos sanos & vanos, jene sind reales, hi nominales, jene sind thätig/ diese nur Mund=Christen. Ich flehe offt zu GOtt/ daß er nach seiner unendlichen Güte und Barmhertzigkeit seinen H. Geist über diese unschuldigen Wilden

aus=

ausgiessen/ und ihnen das Liecht des seeligmachen=
den Glaubens mittheilen wolle/ umb sein ewiges
Himmelreich mit ihnen zu vermehren.

Nun dieser getreue Menschen=Hüter/ der da
weder schläffet noch schlummert/ wolle auch den
Herrn Vattern und alle liebe Angehörige Freun=
de und Bekannte euers Orts fürohin vor allem
Verderben/ sowohlen an vergänglichen sichtbaren
Dingen/ als auch allermeist an der ewigen Seelen=
Verlust genädiglich bewahren/ und uns dermahlen=
einst in dem Reich seines Sohnes zusammen brin=
gen/ ihme daselbst mit ewigen Jubelgesang zu
loben und zu verherrlichen/ Amen.

Schreiben aus Germanton vom
1. Mart. 1697.

P. P.

BErichte in Kürtze/ daß wir hier zu Land/ durch
Göttliche unverdiente Barmhertzigkeit in er=
wünschten Frieden leben/ und uns bey guter Ge=
sundheit befinden/ welches wir billig für eine son=
derbare Gnade und Gabe GOttes erkennen und
rühmen. So kan ich auch kaum aussprechen mit
was Freude ich aus des Herrn Vattern letzteren
ihren guten Zustand/ (da sie der liebe Gott mitten
in diesem verderblichen Kriegsfeuer unversehrt er=
halten) verstanden habe/ zumahlen ich mich ge=
duldig darein ergeben hatte/ weder dessen geehrte
Person in dieser Welt/ noch einigen Buchstaben
von seiner an mich so offtmal gutthätig cröffneten
Hand zu erblicken; GOTT fülle dieselbige
wieder

wieder von Zeit zu Zeit mit seinem himmlischen Seegen / und vergelte alles was mir von meiner ersten Geburt an / reichlichst erzeigt worden / in diesem und jenem Leben. Er bedecke den Herrn Vattern mit all den Seinigen in jetztmahligen gefährlichen Läufften vor allem Schaden und Unheil nach dem Rathschluß seines heiligen Willens.

Ich habe ehedessen den 1. Dec. 1688. an meinen guten Freund / Herrn Georg Leonhard Modeln / Rectorem der Schulen in Windsheimb fast ausführlichen geschrieben / worauff mich Kürtze halber beziehe. Auch hatte ich ihme qua Educationem juventutis eingerathen / daß ein jeder Knab pro capacitate auch ein leichtes Handwerk nebens der notitiam literarum, erlernen sollte / um im Nothfall solches in fremden Provinzien zu treiben / und sich darmit aus dem Lande zu helffen und in aller Welt / ohne Verschwendung ihres Patrimonii, mit der Eltern Betrübnuß / fortzukommen. Dann ob zwar dieses euers Orts für gering / ja schimpflich gehalten wird / so ist es doch Göttlicher Verordnung und Apostolischer Lehre viel gemässer / als alles scholiastische Grillisiren. Ich selbsten gebe so fort etliche 100. Reichsthaler darum / daß ich die köstliche Zeit / welche ich zu Erlernung der Sperlingischen Physic, Metaphysic und andern unnöthigen sophistischen Argumentationibus und arguitionibus angewendet / uff Ingenier-Sachen oder Buchdruckerey-Kunst gekehret hätte / welches mir nun mehr zu statten kommen / ja mir und meinem Neben-Christen nütz-

nützlicher und ergetzlicher fallen sollte/ als sothane Physic, Metaphysic, und alle Aristotelische Elenchi und Syllogismi, durch welche kein wilder Mensch oder Unchrist zu GOtt gebracht/ vielweniger ein Stuck Brods erworben werden kan. Nun es ist geschehen/ und ich schliesse. Meine zwey Söhnlein grüssen ihren hertzlieben Groß-Vattern in kindlicher Einfalt/ durch ihre hierbey geschlossene Briefflein/ und wünschen sehr denselbigen zu sehen.

Die annoch lebende Participanten der allhiesigen Teutschen Compagni oder Societät sind: Abraham Behagel in Franckfurt am Mayn/ Doctor Gerhard in Mastrich/ Syndicus in Bremen/ Doctor Johann Petersen bey Magdeburg/ Balthasar Jabert in Lübeck. In specie aber ist mein guter Freund der von auffrichtiger Treue Pieter Hendricks/ woonende ob de Keysers Graft det Amsterdamm/ welcher nicht ermangelen wird alle des Herrn Vattern ankommende Brieffe fleissigst wahrzunehmen/ und fürters an mich zu bestellen.

Mehr dißmahls nicht/ als uns allesammt in GOttes allmächtigen Schutz/ Schirm und Genade wohl anbefehlend verbleibe/ ꝛc.

Germanopel den 1. Mart. 1697.

Folgen zween Beyschlüsse beeder jüngerer *Pastoriorum* an dero Herrn Groß=Vattern aus der Pensylvanischen Stadt Germanopoli

Den 1. Martii Anno 1697.

Hertzlieber Groß=Vatter.

WJr unterschriebene beede Brüder grüssen euch auff das freundlichste/ und bitten Gott/ daß er euch vor allem Unglück bewahren/ dargegen mit allen reichen Himmels=Gütern segnen/ und bey langen Leben nach seinem heiligen Willen erhalten wolle. Wir hoffen auch/ wir werden/ wo nicht alle/ doch einer unter uns/ den lieben Groß=Vattern in dieser Welt zu sehen bekommen. Am Ende aber im Himmel uns miteinander freuen/ und ewig beyeinander bleiben/ und GOtt mit allen Engeln und Auserwehlten immerdar loben und preisen/ als dessen höchster Majestät alleine alles Lob/ aller Preiß/ alle Ehre und Herrligkeit zukommt und gebühret.

Euere gehorsame Enckel
Johann Samuel Pastorius. Henricus Pastorius.

Schreiben aus Germanopel den
13. May 1697.

JCh hatte schon (nachdeme ich so geraume Zeit von dem Herrn Vattern kein Schreiben empfangen) mich allschon darein ergeben / nichts mehr von dessen werthen Hand zu empfangen/ da bekam ich ohngefehr sein Letzteres auf dem Weg/ da ich in unsere Kirchen=Versammlunge gehen wolte/ und konte solches nicht sonder frölige Liebes=Thränen durchlesen. Bevorab war mir sehr lieb zu vernehmen/ daß mein vielgeliebter Bruder Augustin Adam Pastorius zu mir zu kommen geneigt seye/ nicht zwifflende wir wolten in brüderlicher Liebe einträchtig beyeinander wohnen/ und in ohnverbrochener beständiger und ungefärbter hertzlichen Affection stehen. Wie gern ich aber auch denselben bey mir haben mögte/ so ersuche und bitte ich ihn doch hiermit gantz freundlich er wolle ja ohne seiner in Ehren zu haltenden Eltern Wissen und Willen nicht weggehen/ gestallten derselbe solchen falls mir überaus unwillkomm seyn würde. Es ist mir fast zuwider weitläufftige Brieffe zu schreiben/ weilen die Frantzösische See=Rauber so gar viel Schiffe hinwegrauben/ und auch diejenige Zeilen/ welche ich verlittenes Jahr mit Richard Penn (William Penns Vettern) übersandt hatte/ auch in dero Klauen gerathen/ wie er mir bey seiner Wieder=Anherokunfft erzehlet hat.

Der Buchdrucker so allhier in Pensylvania gewest/ ist nach Neu=Yorck gezogen. Wann ich ein

ein wenig mehr Käntnuß in sothanem Werck hätte/ wolte ich selbst eine Druckerey allhier auffrichten umb des Landes Nutzen willen. Wäre nun mein werther Bruder Augustin Adam mit des Herrn Vatters Willen so sehr inclinirt herein zu kommen/ möchte er solche Kunst in einem Viertel Jahr erlernen/ und würde nicht schwehr daran tragen/ dieselbe nachmals allhier andere zu lehren.

Hiesige Provintz nimmt noch von Tag zu Tage zu an Menschen und menschlicher Boßheit/ da die Religions-Strittigkeiten mit Macht angehen/ und des disputirens (in Ermanglung eines Consistorii) kein Ende ist.

Der jenige Ungar/ mit Namen Isaac Ferdinand Saroschi/ so sich ehedessen bey Hn. Schumberg als Haus-Präceptor auffgehalten/ und nun ein paar Jahre in diesen Landen herum vagiret/ hat sich nacher Marienland begeben/ des Vorsatzes wiederum in Europam über zu segeln. Im fall er nun verächtlich von hiesigen Colonien sprechen solte/ wäre seinen Worten darum kein vollkommener Glaube zuzustellen/ dieweilen er an keinem Ort sich seßhafft niedergelassen/ noch in einiger Societät gewohnet/ sondern stets der bey ihme eingewurtzelten Landstörcerey ergeben geweft und Hungarorum more nur Eleemosinas & donativa colligiret/ und diese mit sich fortgetragen/ ohne gewisse Recompensir- und Salarirung aber keinen Apostolischen Prediger agiren wollen/ welches ein Mißtrauen an der Vorsorge GOttes ist.

Mei=

Meine beede Söhnlein bedancken sich gegen ihren Liebwertheften Herrn Groß-Vattern in kindlicher Einfalt/ daß er ihrer so hertzfreundlich gedencket/ wünschen sehr ihme zu sehen und bey ihme zu seyn/ befehlen auch denselben nebst mir in die getreue Schutzhand GOttes.

Germanton den 13. May 1697.

Contenta Literarum Francisci Danielis Pastorii, an Herrn Georg Leonhard Modeln/ Rectorem Scholæ Windsheimensis.

Praemissis praemittendis.

DAmit aber mein Freund diese Region in denen Land-Charten finden möge/ muß man darinnen nachsuchen biß auff den 40. Grad des neuen Amsterdams (so man ietzo neu Eborach — Newyork — heisset) da wird man gegen Orient auf 100. Englische Meilwegs den Fluß de la Ware finden/ und daran dieser Provintz Haupt-Stadt Philadelphiam/ und 2. Stund Weges darvon das von mir erbauete Germanton/ so ich Anno 1683. mit 13. Familien angefangen/ und inner 5. Jahren etlich und 50. Häuser auffgeführter gesehen/ in Hoffnunge/ daß von Jahren zu Jahren mehr Familien und Teutsche Handwercksleute zu uns herüber kommen sollen. Wir haben zwar dermahlen keine andere Stadt-Mauren/ als wie dorten Romolus eine mit dem Pflug gemacht hatte/ doch ist kein muthwilliger Remus bey uns/ und dörffen wir uns gegen unsere Nachbauren denen natürlichen

lichen Jnwohnern oder Wilden keines feindli=
chen Uberfalls besorgen/ als welche gegen alle
frembd = ankommende Gäste gantz human und
ehrerbietig sind. Wie? und auff was Weise
aber? und zu welcher Zeit diese Wilden über das
Athlantische Meer hiehero gekommen seyn. Da
kan man (weilen kein eintziges schrifftliche Do-
cumentum diß Orts anzutreffen) keinen gründ=
lichen Bericht ertheilen. Sie sind Wald = Leute/
die einander unterweisen und lehren per traditionem derer Alten an die Jungen. Sie sind ge=
meiniglich lang von Statur/ starckes Leibs/ brei=
ter Schultern und breiten Kopffs/ hohler und
harter Stirn / schwartzen Haares. Das Ge=
sicht bestreichen sie mit Bären = Schmaltz/ und al=
lerhand Farben/ sie haben keine Bärthe/ sind dem
Gemüte nach frey und offenhertzig/ machen nicht
viel Worte/ welche aber einen Nachdruck haben.
Sie können weder schreiben noch lesen/ sind aber
doch verständig/ listig/ ernsthafft und unerschro=
cken/ bleiben fest auff ihrer gefasten Meinung/
kauffen genau/ zahlen aber redlich/ können lange
hunger leiden/ lieben die Truncfenheit/ arbeiten
nicht gern/ nähren sich alle von dem Jagen und
Fischfangen/ kein eintziger ist gewohnet auff ei=
nem Pferde zu reuten. Im Sommer bedecken
sie sich gar nicht/ ohne dem was die Natur will
bedecket haben/ in dem Winter aber wicklen sie sich
in ein grobes viereckfetes Tuch ein/ und bedecken
sich in ihren Hütten mit Bären = Häuten und
Hirsch = Häuten/ an statt der Schuhe gebrauchen
sie dünne Hirsch=Häut/ haben gar keine Hüthe.

Das

Das Weibsvolck ist leichtsinnig/ verschwätzt/ und hoffärtig/ binden ihre Haar mit einem Knopf zusammen/ haben hohe Brüste und schwartze Hälse/ die sie/ wie auch die Ohren und Armen mit ihren Müntz=Corallen behencken und zieren, indeme die Männer dem Wild nachsetzen/ so säen die Weiber Bohnen und stecken Türckisch Korn. Ihre Kinder lieben sie hefftig/ binden solche/ so bald sie geboren werden auff Schindeln/ wann sie weinen/ so bewegen sie solche geschwind hin und wieder und stillen solche/ und ob sie schon noch gering sind/ so tauchen sie doch solche in die warmen Flüsse/ damit sie desto ehender erstarren mögen. In ihrer Kindheit müssen sie Fische fangen mit Angeln/ darnach wann sie besser erstacken/ so üben sie sich im Jagen. Die Jungfrauen so da mannbar sind/ bedecken das Gesicht/ und zeugen damit ihr Gemüt an zum heirathen. Alle ihre Laster straffen sie mit Gelde ab/ auch den Todschlag/ und so einer ein Weibsbild erschlüge/ müste er doppelte Straff geben/ dieweilen die Weiber Kinder bringen/ welches die Männer nicht thun können. Sie glauben/ daß ein einiger GOtt seye/ und daß des Menschen Seele unsterblich/ welcher Gott dem Teuffel Inhalt thue/ daß er dem Menschen nicht schade; sie sagen/ Gott wohne in dem herrlichsten Mittag=Lande/ zudeme sie nach ihrem Absterben auch einst gelangen würden. Ihre Religion bestehet in zweyerley Gottesdienst/ neulich in Gesang und Opffern. Die Erstlinge ihrer Jagten schlagten sie mit solcher Geschwindigkeit des Leibes zum Opffer/ daß ihnen der gantze Leib schwitzet.

Wann

Wann sie aber singen/ so tantzen sie umb den Kreiß herum/ da in der Mitten zwey vortantzen und blöcken ein Trauergesang daher/ der gantze Chor führet ein kläglich Geschrey/ weinet darzu/ bald knirschens mit den Zähnen/ bald schnellens mit den Fingern/ bald starmpfflens mit den Füssen/ und solches lächerliche Schauspiel verrichten sie gantz eyfferig und ernstlich. Wann sie kranck werden/ so essen sie von keinem Thier/ so nicht ein Weiblein ist. So sie ihre Todten begraben/ werffen sie was kostbares mit in das Grab/ damit sie zu verstehen geben wollen/ daß ihr geneigter guter Will gegen solche nicht absterbe. Ihr Leydtragen (welches ein gantzes Jahr geschicht) zeigen sie an mit ihrem geschwärtzten Angesichte. Ihre Wohn-Hütten bauen sie mit Bäumen und Gesträuchen auff/ und ist keiner unter ihnen in der Baukunst so unerfahren/ der nicht in 3. oder 4. Stunden ihme und den Seinigen eine solche Hütte solte auffrichten können. Ihre Sprache ist aus folgenden Dialogo abzunehmen: Eithanithap, seyd gegrüsset gut Freund. A eitha, seyd auch gegrüsset/ tankomi, wo kommt ihr her/ past ni unda qui, nicht weit von hier; gecho luensi, wie heisset er? Resp. Franciscus. O letto, es ist gut; Noha matappi, setz er sich her zu uns; gecho ki Wengkinum, was beliebt ihm? husko lallaculla, mich hungert sehr/ langund agboon, gebt mir Brod/ lamess, Fisch/ acothita, Obs/ hittuck nipa, da ist ein Baum voll/ Chingo metschi, wann reiset ihr wieder von hinnen? alappo, morgen/ nacha kuin, übermorgen/ ꝛc. Sonst heisset ana, Mutter/ Squaa, das Eheweib/ hexis, eine alte Frau/ Menitto, der Teufel/

Murs

Murs, eine Kuhe/ Kuschkusch. ein Schwein/ Wicco, das Hauß/ Hockihockon, ein Landgut/ Pocksuckan, das Messer. Welcher Professor nun diese Indianische Wörter und Sprache originem & radicem hervor grüblet/ dem will ich loben.' Interim wird mir das Papier zu klein/ die Federn stumpff/ die Dinten will nimmer fliessen/ es ist kein Oel mehr in der Lampen/ es ist schon spät in der Nacht/ die Augen sind voll Schlaffs/ gehabt euch wohl/ ich schliesse.

Aus Philadelphia gesandt den 30. May 1698.

Eß Herrn Vatters jüngstes vom 15. Aug. habe ich den 25. Apr. 1698. zurecht empfangen/ und bin ob den Anschauen seiner werthen Hand sehr erfreuet worden. Dessen vorgelegte Fragen aber zu beantworten/ wolte ich wünschen/ daß meine Federn biß an den untersten Boden meiner Seelen reichen könnte/ so würde ich solches mit mehrerer Satisfaction thun/ als hiermit beschiehet; Doch zweiffle nicht der Herr Vatter werde durch seine Begreifftligkeit ersetzen was auff diesem Papier nicht vollkommentlich exprimirt ist.

1.

So viel nun die erste Frag/ als
die Bestellung des burgerlichen Regiments betrifft.

So ist und bleibt William Penn Eigenthums-Herr und bestättigter Fürst über Pensylvanien/ und ob er schon einige Jahr hero sich nicht allhier bey uns befunden/ so hat er uns doch in Engelland mehr Dienst durch seine alldortige Gegenwart gethan / als vielleicht geschehen möchte seyn/ wann er allzeit hier geblieben wäre. Der liebe Mann hat sehr viel Feinde wegen seiner Religion / welche Feinde aber der Sachen etwas zu viel thun/ indeme sie dere nicht allerdings informiret sind/ viel weniger einem andern in das Hertze sehen können. Wir erwarten seiner Person in allhiesiger Landschafft ohnfehlbar diesen Sommer/ oder nechstkünfftigen Herbst/ wo nicht Unpäßlichkeit oder andere Hindernuß vorfället.

So viel nun die burgerliche Regiments-Form allhier zu Philadelphia/ als in der Haupt-Stadt anbelanget. Berichte ich kürtzlich: daß jedes Jahrs von dem gantzen Volck gewisse Personen erwehlet werden/ welche der Zeit und des Volcks Beschaffenheit nach für solches Jahr nothdürfftige Gesetze und Ordnungen stellen/ und dardurch denen einreissenden Lastern vorbiegen/ und übrigens das gantze Jahr hindurch in allen Occurrentien das gemeine Beste mit und neben dem Landes-Gouverneur versorgen helffen. Inmassen dann

dann mehrgedachter Landes=Herr/ William Penn/ aus solchen erwehlten 12. Personen etliche Justitiarios ordnet/ welche nach also gemachten Gesetzen alle vorfällige Strittigkeiten entscheiden/ nachdeme zuvor die Species Facti von 12. Nachbaren untersuchet worden ist. Und all dieses wird gethan in publicâ Curia, da jedermänniglich Groß und Klein eingehen und zuhören mag.

Mit meiner angelegten Teutschen Stadt Germanton hat es eine gantz andere Bewantnus. Dann in Krafft deren von William Penn erlangter Privilegien hat diese Stadt ihr eigenes Gericht/ eigenen Burgermeister und Rath/ samt benöthigten Bedienten/ und wohleingerichteten Stadt=Gesetzen/ Raths=Regeln/ und Stadt=Sigill.

Die Inwohner dieser Stadt sind meistentheils Handwercks=Leute/ als Zeug= Barchet= und Leinenweber/ Schneider/ Schuster/ Schlosser/ Zimmerleuthe/ die aber allezumahl auch mit Ackerbau und Viehzucht versehen sind.

Der Orth wäre sufficient noch zweymal so viel Inwohner zu unterhalten als für jetzo würcklich darinnen sind.

Diese Stadt ligt 2. Stund Wegs weit von Philadelphia/ und begreifft nicht allein 6000. Morgen samt der Marckung/ sondern es sind uns auch noch 12000. Morgen Landes von William Penn zu Anlegung einiger Dörffer assignirt worden. So viel die Besteurung und Tribut der Unterthanen in hiesiger Landschafft anbetrifft/ so wird es gehalten wie mit der Engelländischen

Nation/ da weder der König selbst noch seine Gesandten/ Landpfleger oder Gouverneurs einigerley Schantzunge oder Steuer uff die Unterthanen nicht legen dörffen/ es haben dann solche Unterthanen zuvorhero selbst freywillig ein gewisses zu geben beschlossen und eingewilliget/ und mag nach denen Fundamental=Gesetzen keine Steuer länger währen als ein eintziges Jahr.

2.

Auf des Herrn Vattern zweyte Frage zu kommen.

Was die so genannte Wilden und halb=nackende Leute für eine Regiments=Form führen? Ob sie civil werden/ und unter die Christen sich verheyrathen? Item ob auch ihre Kinder mit den Christen=Kindern Gemeinschafft pflegen und mit einander spielen/ ꝛc.

Da ist in Antwort zu wissen/ daß so viel ich noch mit ihnen umbgegangen/ ich dieselbige für raisonable und zu Begreiffung guter Lehr und Sitten capable Leute gefunden/ die eine innere Andacht zu GOtt von sich verspüren lassen/ und sich in der That viel begieriger zur Göttlichen Erkäntnuß sich erwiesen als viele bey euch sind die uff der Cantzel mit Worten Christum lehren/ durch ihr ungöttliches Leben aber denselben verlaugnen/ und also an jenem grossen Gerichts=Tage von denen Heyden werden beschämet werden.

Wir Christen zu Germanton und Philadelphia haben nun die Gelegenheit nicht mehr mit ihnen um=

umzugehen/ in Betrachtung/ daß ihre wilden Könige vom William Penn ein Stück Geldes angenommen/ und samt denen Ihrigen sehr weit von uns hinweg in den wilden Wald hinein begeben haben/ allwo sie ihrer angebohrnen Art nach sich mit jagen/ Wild= und Vögel schiessen/ auch Fischfangen ernehren/ und nur in Hütten/ von Büsch und Bäumen zusammen gezogen/ wohnen. Sie halten gar keine Vieh=Zucht und bauen auch kein Feld oder Garten/ derowegen sie ausser denen Fellen/ Thier=Häuten/ geschossenen Vögeln und Fischen gar wenig mehr zu denen Christen zu Marckte bringen/ noch viele Gemeinschafft mit ihnen pflegen/ gantz und gar aber noch keine mutuelle Ehestifftung zwischen uns und ihnen vorgegangen ist. Für ihre Elends= und Hirsch=Häute/ Biber/ Mader und Calicunen handeln sie gemeiniglich ein Pulver/ Bley/ wollne Decken und Brandwein/ sammt andern süssen Geträncke.

In unsern Teutschen Compagnie=Handlungen aber gebrauchen wir nun im völligen Gange die Spanische und Engelländische Müntzen/ wie auch die Holländischen Thaler. Nur mit diesem Unterschiede/ das was draussen jenseits der See vier Schilling gilt/ solches allhier fünffe ausmache.

3.
Auff die dritte Frage: Wie unser allhiesiger Gottesdienst angeordnet und beschaffen sey?

Ist die Antwort / daß weilen die Erfahrung bezeuget / daß durch den Gewissens-Zwang nichts als Heuchler und Maul-Christen gemacht werden / deren nun fast die gantze Welt voll ist / wir dahero die Gewissens-Freyheit zu gestatten für gut befunden haben / so daß ein jeder seinem besten Verstand nach GOtt dienen / und glauben möge was er glauben kan.

Es ist ein für alle mahl gewiß / daß nur eine eintzige ungezweiffelte Warheit seye. Derer Secten aber sind fast viele / und vermeinet ein jeder Sectirer den nähesten und geradesten Weg zum Himmel zu wissen / und andern zeigen zu können / da doch sicherlich nicht mehr dann ein eintziger ist / der mit Warheits-Grunde gesagt hat: Ich bin der Weg die Warheit und das Leben.

Wiewohlen nun bey uns eine jede Sect ungehindert ihre Zusammenkunfft an dem siebenden Tage der Wochen zu halten pfleget / so befindet sich doch in der Experientz und Probe / daß die allermeisten aus blosser Gewonheit / dem ihnen unbekannten GOtt dienen / von deme sie andere Leute haben sagen hören. Sie wollen aber GOtt selbsten nicht fühlen noch hören / noch seine Gütigkeit selbst schmecken / sie sind geistlicher Sinnen

loß/

loß/ und ihre fleischliche Sinnen begreiffen nicht was des Geistes GOttes ist/ die angehörte buchstabliche oder historische Erzehlung kommt nicht ins Hertze/ und bauet also nichts in ihnen auff/ so balden die Kirchen-Versammlung aus ist/ so ist alles wiederum vergessen/ ist ihres Hertzens Intention zuvor gehangen an Wucher/ Finantzerey/ Betrug und Wollust/ so hängets noch daran. An des Lebens Besserung/ und wie man Christum anziehen/ oder wie Christus der HErr eine Gestalt in ihnen gewinnen solle/ da wird nicht einmahl an gedacht.

Solche Gesellschafften und Secten soll man billich fliehen/ und dargegen seine Gemeinschafft mit denen Heiligen im Liecht suchen/ die da Gottes grosse Gutigkeit und Treue von gantzem Hertzen lieben/ seiner heiligen Vorsorge vertrauen/ und seine Allmacht hoch preisen/ deren Gemüte in Gott/ und GOtt in ihnen ist. Deren Geiste der Heilige Geist Zeugnuß gibt/ daß sie GOttes Kinder seyn.

Wir sollen dem jenigen Einigen unserm Meister folgen der uns die jenigen Worte gegeben hat/ welche ihme sein himmlischer Vatter gegeben hat.

Seine rechte Jünger nun bleiben bey solchem seinem Worte/ und diesen Jüngern gibt er seinen Geist/ welchen die Welt nicht sihet/ noch empfangen kan/ der auch per Simonem Magum umb kein Geld gekauffet werden konnte/ sondern wer solchen haben will/ der muß von dem alten Sünden-Weg umkehren/ die Welt verlaugnen / in GOttes Vatter-Hertze sich einwerffen / und sich den lieben GOtt gäntzlich resigniren / und denselben demüthig bitten / daß er ihn zu sich ziehen möge / dann der HErr Christus spricht: Niemand kommt zu mir / mein himmlischer Vatter ziehe ihn dann. Joh. 6. und Eph. 1. Es ligt alles an GOttes Erbarmen / und gar nicht an jemandes wollen oder lauffen.

Ich muß bekennen / daß unsere Zeiten und Religions-Gezäncke über meinen Begriff und Verstand sind / und daß es bey allen Individual-Kirchen an dem inwendigen Menschen / und an dem Einer werden mit Christo ermangele. Molinas und seine Quietisten-Sect hat den Päbstlichen Stuhl sehr erschreckt / daß er durch innern Hertzens-Glauben und Liebe zu GOtt und zum Nechsten / nicht aber durch Werck / Wallfarten und Ablaß zum Himmel gewiesen. Und weilen dergleichen Lehre durch die Pietisten bey denen Evangelischen Kirchen hier und dar nun auch getrieben werden will / so erschrecken ihrer viel / so Geist- als Weltliche / die an das wollüstige Leben / und an die Sicherheit gewehnet sind / sagen man könne nicht ohne Sünde seyn / es müssen Böse und Fromme beysammen seyn / es seye wohl erlaubt in bona fraternitate ein klein Jesuiter-Räuschlein zu trincken / rc.

Ich meines theils halte das für meine gantze sichere Hoffnung / daß ich alleine auff GOtt sehe / und ihme von gantzem Hertzen anhange und vertraue / unter wessen Schirm alleine ist Sicherheit / und ausser ihme weder Sicherheit noch
Treue /

Treue/ noch Glauben. Dieser alleine kan die Hertzen erleuchten/ er kan die Lebendigen tödten/ und die Todten wieder lebendig machen/ weiß auch die Seinigen mitten im Feuer=Ofen zu erhalten.

Die nun diesem HErrn anhangen/ die werden ein Geist mit ihme/ 1. Cor. 6. v. 17. Sie werden Göttlicher Natur theilhafftig/ 2. Petr. 1. Und daran erkennen wir/ daß wir in ihme bleiben/ und er in uns/ daß er uns von seinem Geiste gegeben hat/ Joh. 4. verf. 13. Es spiegelt sich in uns des HErrn Klarheit/ 2. Cor. 3. v. 18.

Und Lutherus Tom. 6. Altenb. fol. 625. saget deutlich: Du solst von dem Glauben also halten/ daß du durch denselben mit Christo also vereiniget werdest/ daß aus dir und ihme gleichsam eine Person werde/ die sich nimmermehr voneinander scheiden noch trennen läst. Und in der Kirchen=Postill fol. 243. Wir sollen voll GOttes werden/ daß wir an dem inwendigen Menschen gantz vergöttert und geheiliget werden.

Dieses grossen GOttes heiliger Nahme solle zu allen Zeiten von uns allen so in neuer als alten Welt hochgehalten und über alles geheiliget werden. Und wohl deme/ ja ewig wohl allen denen die die baldige Erscheinung JEsu lieb/ und Oel in ihren Lampen haben/ und bereit sind mit dem gebenedeyten Bräutigam zu seinem ewigen Hochzeit=Fest einzugehen.

4.
Auff die vierdte Frage: Wie es
mit unserer Teutschen Compagni
und Brüderschafft dermalen be=
schaffen sey?

Da ist zu wissen/ daß dieselbige von einigen frommen und gottsförchtigen Personen seye begonnen worden/ nicht so sehr um zeitlichen Gewinns willen/ als vielmehr vor sie und andere redliche Landsleute eine Pella oder Zufluchts=Platz zu haben/ wann der gerechte GOtt seine Zorn=Schaalen über das sündliche Europa ausschütten würde.

In dieser Absicht haben sie durch mich bey 30000. Morgen Ackers in dieser Landschafft von dem Eigenthums=Herrn kauffen lassen/ worvon nun der dritte Theil bauig gemacht/ die 2. Drittel aber noch öde ligen.

Die Principal-Participanten hiessen: Doctor Jacob Schütz/ Jacobus von de Walle/ Doctor Weilich/ Daniel Behagel/ Johann Lebrunn/ Doctor Gerhard von Mastrich/ der Syndicus zu Bremen/ Doctor Johann Willhelm Peters bey Magdeburg/ Balthasar Jabert zu Lübeck/ und Joannes Kembler/ ein Prediger daselbst. Von diesen haben noch einige Theils genossen zu mir herüber kommen/ und das Vornehmen zum gewünschten Effect bringen helffen sollen/ so aber biß dato nicht geschehen/ weilen sie die Einöde und Langweil scheuen/ dessen allen ich GOtt Lob nunmehro wohl gewohnet bin/ und also gewohnet werde bleiben biß an mein seeliges Ende.

Daß

Daß aber der barmhertzige GOtt dem Herrn Vattern samt lieben Seinigen in diesem letztmaligen Frantzösischen Kriegs-Feuer so gnädiglich erhalten hat/ gibt mir solches Anlaß dessen ewigwährende Gütigkeit zu preisen/ und dieselbe inniglich anzuflehen/ daß sie euch noch ferner vor allen Unglücks-Fällen mild-vätterlich bewahren/ absonderlich aber je mehr und mehr in seine heilsame Forcht und Gehorsam bringen wolle/ damit wir einen Abscheu ihne zu beleidigen/ und dargegen mit freudigen Hertzen seinen heiligen Willen zu vollbringen trachten mögen.

Inmassen mich dann des Herrn Vattern gefassete Resolution sier selbst zu leben/ und Gott zu dienen sehr vergnüget und erfreuet hat. O ein gesegneter Vorschmack dessen/ wovon wir nach abgelegter Hütten dieses Fleisches die Fülle in der Ewigkeit zu erwarten haben.

O seelige Führung des heiligen Geistes! denn was anders solten es doch seyn oder genannt werden können/ als die heilige Gnade Gottes/ die den Herrn Vattern (nachdeme er zu Windsheimb in vieler Aempter Bedienung grau worden ist) daß ihme GOtt der HErr auch endlichen an der Seelen und Gemüte so weiß gemacht hat/ daß er die überschwengliche Boßheit der Menschen erkennet/ und deßhalb von Babel ausgegangen ist. Diese Eingabe des Heil. Geistes/ wolle der himmlische Vatter aller Lichter in des Herrn Vattern Hertzen bewahren biß an seinen letzten Abdruck und Ubersprung in die Ewigkeit.

5. Auff

5.

Auff die fünffte Frage: Ob William Penn des hiesigen Landes Eigen-Herr facilis alloquii, und ob man ihme mit einigen Complement-Zeilen auff-warten dörffe?

Da stehet zu wissen/ daß dieser liebe Mann ein guter Christ/ und folglich von der Welt eitelen Complementen gantz abgekehret seye. Wer aber gesunde und wahre Worte münd= oder schrifftlich mit ihme wechseln will/ der wird denselben nicht allein facilis alloquii, sondern auch promptæ responsionis befinden/ als welcher von Hertzen sannfftmütig/ demüthig/ und gegen alle Menschen diensthafft ist.

Übrigens grüssen meine beede Söhne den Herrn Vattern hertzlich/ und bitten vor desselben zeitliche und ewige Wohlfahrt täglich/ sehr wünschende denselben einsten entweder persönlich zu sehen/ oder doch wenigstens von dessen geführten Lebens-Lauff und Verrichtungen etwelche Nachricht zu erlangen.

Daß Finalmente der Herr Vatter schwehre Träume von mir gehabt/ und zugleich für ein bö=ses Omen gehalten hat/ daß mein vor meiner Ab=reisse in desselben Garten gepflantztes Bäumlein verdorret ist. So ist es zwar nicht ohne/ daß ich/ mein Weib und kleinster Sohn harte Krank=heiten ausgestanden/ aber GOtt Lob/ völlig wie=der restituirt sind. Es sind aber solches Erinne=

rungen

rungen unserer Sterbligkeit. Alles muß ein Ende haben/ und also auch/ dieser Brief/ welchen schliessende den Herrn Vattern tausend mal grüsse/ und durch die Lufft kind=hertzlich küsse vielleicht zum letzten mahl/ und euch mit uns/ und uns mit euch Göttlicher heylsamen Schutz= und Leitungs=Hand getreulichst empfehle und verbleibe

Des Herrn Vatters

Treu=gehorsamster Sohn

Philadelphiä 30.
May 1698.

F. D. P.

Auff alle obige weitläufftig erlangte Bericht/ hätte ich Melchior Adam Pastorius gerne von einem Tertio Nachricht gehabt wie es meinem Sohne und denen Seinigen in solcher so fern entlegenen Landschafft ergienge/ derowegen ich das hernach gesetzte Missiv an den Eigenthums=Herrn William Penn aus der Stadt Windsheimb habe ablauffen lassen. Den 20. Jun. 1698.

Salu-

Salutem ab ipso fonte Salutis JESU
Christo quam plurimam.

Vir Praelustris Humanissime & in JESU Dilecte.

AUdaciam meam in scribendo facilè condonabis cum intellexeris ex paternâ id fieri solicitudine & affectione erga filium meum Franciscum Danielem Pastorium in Pensylvaniâ tuâ commorantem abs quo jam longo tempore nil literarum accepi, ideo naturalis & Paternus affectus me impulit, ut de statu ac vitæ genere ipsius pauca sciscitarer.

Speraveram ego quidem me in senectute mea in ipso baculum & solamen habiturum, sed spe mea frustratus sum, dum in Provinciam tam longè à me dissitam ipse se contulit.

Vive in JESV felicissime & per ministrum quendam de tuo famulitio respondere desiderio & petitioni meæ dignare. Qui ipse toto corde exopto esse

Windshemii 20. Jun.
1698.

Tuæ Humanissimæ Dominationis servus ad omnia Mandata paratissimus.

M. A. P.

Zu Teutſch:
Viel Heyl von JEſu Chriſto, dem Brunnquell alles Heyls.

Höchſt=Edler, Huldreicher und in JEſu
ſehr Geliebter, ꝛc.

MEine Kühnheit im Schreiben wird für ent=
ſchuldiget genommen werden, dieweilen ſie
aus vätterlicher Sorgfalt für meinen Sohn Franciscum Danielem Pastorium der ſich in Penſylvania auffhält, herrühret, von deme nun eine geraume Zeit keine gewiſſe Nachricht gehabt, alſo, daß aus natürlicher Inclination gleichſam gezwungen werde nach ſeinem Zuſtande und Lebenslauff in etwas nachzufragen.

Ich hatte mir die Hoffnung gemacht in meinem Alter einen Stab und Troſt an ihme zu haben, aber all ſolche Hoffnung iſt nun verſchwunden, dieweilen er ſich in eine ſo fern von mir entlegene Provintz begeben hat.

Lebe, O Hoch=Edler Herr in JESU der Glückſeligſte, und befiel jemanden aus deinen Dienern, daß er auff mein Verlangen ein paar Zeilen antworten, der ich von gantzen Hertzen wünſche zu ſeyn

Deiner Hoch=Edlen Humanität
zu allen Befehl der Bereiteſte

M. A. Pastorius.

Hier=

Hierauff kam per posta d[
April. 1699. zu Neustatt an der
die nachfolgende Lateinische Antwort

Observande mi in JESU Christo [

EX intimo amoris affectu te salut
sentemque tibi & futuram exop
citatem, quæ constat in fidâ obe
in Lucem & Cognitionem illam qua
per Christum JESVM impertiit Deus

Nuper adhuc in vivis fuit filius tu
jam nunc Philadelphiæ agit. Irenarchi
anno est, aut nuperrimè fuit, aliàs V[
brius, probus, prudens & pius audit,
tatæ inter omnes, inculpatæque famæ,
milias pater est, quot vero filiorum, ig[
Amoris tui pignus, cum literis valetu[
tuæ nunciis pergratum illi accideret.

Brevi Provinciam istam juvante Deo
surus sum, interea temporis quid velis
quid de eo expetas vel ad ipsum scri[
vel in Literis ad me dandis exprimas.

Cum Votis itaque ut DEVS unâ cum s[
lutis suæ demonstratione dignetur senil[
tuos annos sicuti olim Simeoni prolongar[
valere te jubeo

Bristolii die 20. Mensis 2.
vulgo Februarii 1699.

sincerus tibi ex animo amicus.

William  P
A. P

Inscriptio.
A Monsieur Monsieur M
Pastor
President à W

Zu Teutsch:
Zu Ehrender lieber Freund in JESU Christo.

Als innerlicher Liebes=Bewegung grüsse ich dich/ und wünsche dir alle gegenwärtige und zukünfftige Glückseeligkeit/ welche darinnen bestehet/ daß du mit treuen Gehorsam dem jenigen Liechte und Erkäntnuß folgest/ welches dir GOtt durch JESUM Christum angezündet und eingepflantzet hat.

So viel mir wissend so ist dein Sohn noch im Leben/ und hält sich anjetzo zu Philadelphia auff. Er ist dieses Jahr der Stadt Friedens=Richter/ oder hat jüngst das Ampt abgelegt. Er ist sonst ein Mann mässig und nüchtern/ fromm/ verständig und gottsfürchtig/ von deme ein gutes untadelhafftes Gerüchte aller Orten erschallet; er ist ein Haus=Vatter/ wie viel Kinder er aber hat/ ist mir unwissend.

Es würde ihme wohl angenehme seyn/ wann du zum Zeugnuß deiner Liebe ihme den Zustand deiner Gesundheit mit einem Schreiben entdecken würdest.

Ich werde dieselbe Provintz mit der Hülffe GOTTes in Bälde besuchen. Inmittelst wann du etwas wilst ihme wissend machen/ oder von ihme etwas zu erfahren verlangest/ so kanst du entweder an ihme selbst schreiben/ oder in deinem Brieffe an mich vermelden.

Und mit diesem letzten Wunsche heisse ich dich wohl leben/ daß GOTT deine alte Jahre ver=

vermehren/ und wie den alten Simeoni verstärcken wolle.

Geben Bristol den 20. Febr. 1699.

Dein von Hertzensgrund
auffrichtiger Freund
William Penn.

Noch fernerer Bericht aus Pensylvanien vom 4. Martii 1699.

P. P.

Ich lebe mit meinen 2. Söhnlein hier zu Lande noch gesund/ erziehe sie in der Forcht und Liebe GOttes/ die sich allzeit sehr erfreuen/ wann sie etwas von ihrem Herrn Groß-Vatter hören/ und wann dessen Brieffe allhier ankommen/ sie wünschen sich zu ihme/ und nöthigen mich/ daß ihnen offt von seinen gethanen Reisen und geführten Lebens-Lauff etwas erzehlen muß/ welcher mir doch selbst nicht allerdings noch specialissimè bekannt ist/ sie schreiben hierbey an den Herrn Vattern selbst/ und wolten gerne seinen Ursprung wissen.

Sonsten nimt hiesige Landschafft noch täglich zu an Menschen und menschlicher Boßheit/ jedoch verhoffe ich es werde nimmermehr so unmenschlich darinnen zugehen/ als in denen Europäischen hohen Schulen/ auff denen man meistentheils lauter dediscenda erlernen muß. Multi enim Professores inutilibus quæstionibus & acutis tricis nugalibus tempus terunt, & dum

dum discentium mentes in supervacaneis quæstionibus detinent, impediunt eas ne ad solidiora aspirent. Nituntur explorare quid sit Jupiter & Vulcanus, sed non quid sit Christus? Conantur quoque sanctissimum Verbum Dei Aristotelicis Syllogismis illuminare & defendere, quasi vero Spiritus ille Sanctus (qui solus verus Author & Dictator scripturæ est) per damnatum Ethnicum & in Inferno ejulans Ingenium Aristotelis posset reformari aut illustrari.

Andere vertreiben die edle Zeit mit lauter unnützen Fragen und indagationibus, an vera sit illa Inscriptio sepulchralis in Monte Fiascone: Propter Verbum est est Dominus meus mortuus est. Andere suchen bey denen Griechischen Declinationibus den Ablativi casum, worzu sie solchen aber verlangen/ wissen sie selbst nicht.

Ja so gar fangen heut zu Tage die Studenten an einander/ und zwar unter ihnen den zehenden zu tode zu sauffen/ und den leidigen Satan in sein Höllen=Reich zuzuschicken/ welches in Warheits=Grund höchstens zu betauren ist/ und von GOtt zu wünschen wäre/ daß so wohlen denen Herren Professoribus als Studiosis die Augen ihres Verstandes geöffnet würden/ daß sie erkennen möchten/ wie vergebens es seye sich deß Lichts des Evangelii zu berühmen/ und doch unter so abscheulichen Wercken der Finsternuß zu stecken.

Betaure ich solchem nach meinen lieben Brudern Joannem Samuelem/ wann er zu Hause von seinen lieben Eltern und Præceptore domestico

mestico die Pietät und Gottesfurcht erlernet hat/ solche hernach uff Universitäten wieder verlieren/ und mit äusserister Seelen-Gefahr so viel discenda erfahren solte/ und wolte ich ihme viel lieber hertz-brüderlich einrathen/ daß er ein ihme anständiges leichtbegreiffliches Handwerck erlernete/ bey deme er GOtt und dem Neben-Christen dienen möchte; welches/ wiewol es bey euch verächtlich und gering geachtet wird/ so ist es doch göttlicher Verordnung/ und Apostolischer Lehre viel gemässer/ als alles scholastische Grillisiren; denn meistentheils sind die Hochgelehrte Hochverkehrte/ & scientia mundana inflat, dergleichen hohe hoffärtige Geister wollen hernachmahls einen grossen Staat führen/ hierzu bedörffen sie grosse Geld-Summen/ diese suchen sie per fas & nefas mit ihres Nechsten Schaden zu erlangen/ damit nur ihre Weiber und Kinder stets a la mode einher schwäntzen können.

Herentgegen sagen die demüthige gottsgelehrte Leute mit dem Antonio: Non data non cupio, und halten mit Palingenio für gut/ contentum vivere parvo, cum quibus concordat S. Paulus Hebr. 13. v. 5.

Nun ich schliesse vor diesesmahl/ und habe diesen Brieff geschrieben in zuverläßiger Hoffnung/ daß er euch allesammt im gedeylichen Wohlstande antreffen werde/ nehmens aber die Frantzosen unterwegs hinweg/ bin ich darmit auch vergnügt/ wann sie sich nur mit so geringer Beuthe vergnügen lassen/ und euch sonst nicht beschädigen. Thun sie aber auch dieses aus göttlicher Verhängnuß/ so bittet vor dieselbige/ daß sie GOtt bekehre/

lehre / und euch in allem ein gelassenes Hertz gebe. Dessen allmögender Schutzhand ich euch allesamt befehle / und verbleibe / ꝛc.

Brieffe von beeden jüngern Pastoriis aus Germanton vom 4. Mart. 1699.

Hertzlieber Groß-Vatter.

DEine zu uns abfliessende Lieb und Zuneigung zu erwidern / sagt uns unser Vatter / seye so unmöglich als gegen dem Strohm zu schwimmen / welches keiner von uns beeden kan. Wir sagen derowegen darfür hertzlichen Danck / und so viel deine uns übersandte Bildergen anbelangt / deren wir zuvor nie keine gesehen / da kam uns ein unbekannter Vogel darinnen vor / dessen Schwantz grösser ist / dann er selbst / er bezeichnet / wie man uns unterrichtet / stoltze Leute / vor welchem Laster uns GOtt bewahren wolle.

Ferner fiel dar ein Knäblein im rothen Rocke von der Welt-Kugel herab / ob diese so schlipfferig / oder ob der arme Junge nicht wuste woran sich zu halten / soll uns die nachmahlige Erfahrung lehren / wann wir etwas grösser werden. Deine auff der Ruckseiten geschriebene Reimen erfreuen unsere Eltern höchlich / und wollen sie / daß wir selbige nimmermehr vergessen sollen / sonderlich das End vom Lied:

Christum JESUM recht zu lieben
Und im Guten uns zu üben.

Wir wünschen gar offt bey dir zu seyn/ ach daß du hier wärest und in unserm Hause zu Germanton wohnetest/ welches einen schönen Obsgarten hat/ und der Zeit leer stehet/ indeme wir zu Philadelphia wohnen/ und täglich 8. Stunden lang in die Schul gehen müssen/ ausgenommen den letzten Tag in der Wochen/ da wir Nachmittag daheim bleiben dörffen. Weilen wir uns nun die Hoffnung nicht machen dörffen/ daß wir dich unsern lieben Herrn Groß-Vattern allhier bey uns sehen werden/ so bitten wir dich sehr du wollest uns von deinem Ursprunge und lieben Eltern einigen Bericht geben/ damit wann je einer unter uns nach GOTTES Willen einsten hinaus in Teutschland kommen solte/ wir nach der Freundschafft fragen könnten/ wollest auch von unsert wegen unsere liebe Vettern und Baasen uff das freundlichste grüssen/ und dieselbige dahin anweisen/ daß sie öffters Brieffe an uns schreiben/ welches uns auch nach unsers Vatters töblichen hingange sehr angenehm seyn solle/ und wir nicht ermangeln werden durch anderer frommen Leute Hülffe die Correspondentz zu continuiren.

Inmittelst grüssen wir euch nochmalen allesamt uff das freundlichste / von Hertzensgrund wünschend/ daß es euch allen zeitlich und ewiglich wohl ergehe/ und verbleiben unter GOttes getreuer Verwahrung Lebenslang/ hertzlieber Groß-Vatter deine gehorsame Enckelein

Johann Samuel und
Henricus Pastorius.

Antwort an dieselbige.

Meine sehr geliebte Enckelein. Aus euren verschiedenen an mich abgelassenen mit eitel Liebes=Bezeugungen angefüllten Briefflein habe ich ersehen mit was Begierde ihr mich entweder persönlich bey euch zu sehen/ oder wenigstens einen ausführlichen Bericht von meiner Ankunfft und Eltern zu überkommen verlanget. In Betrachtung nun/ daß mein Vorhaben zu euch zu kommen/ aus der Ursachen verloschen/ dieweilen von denen verständigen Medicis mir alten 74. jährigen Mann eine solche weite Reise über das grosse Mittelländische Meer zu thun/ nun gäntzlich widerrathen worden ist/ als dessen rauhe Lufft und Kälte mein Leibes=Zustand nicht würde ertragen können. So habe ich solchem nach euren letzten Verlangen in Beschreibung meiner Ankunfft und geführten Lebens=Lauff auff das kürzest Satisfaction geben wollen.

Wisset demnach/ daß ich Anno Christi 1624. den 21. Sept. in der grossen Stadt Erfurt (worinnen bey 20. tausend Burger wohnen) gebohren bin/ laut Lit. A. & B. Mein Herr Vatter ist gewesen der Wohl=Edle und Rechtsgelehrte Martinus Pastorius, des Churfürstlichen Mayntzischen Ehegerichts daselbsten Schöpff und Assessor. Meine Mutter hieß Brigitte/ eine gebohrne von Flinsberg.

Meine Geschwistrigte waren: Casparus Pastorius/ Augustinus/ Henricus/ Balthasar/ Margaretha

A. Ist mein Testimonium Baptismi.
B. Mein Geburts=Brieff.

garetha und Rebecca. Unter diesen ist mein Bruder Augustinus alleine nebst mir im Leben geblieben/ ist Doctor utriusque Juris, und des Chur=Fürstens Philippi Christophori à Zötern Resident in Rom/ nachmals auch Jhro Röm. Keyf. Majest. Leopoldi I. Magni Rath und Historicus gewesen/ von dero er den 4. Martii 1661. in den Freyherrn=Stand erhoben/ und zu einem Constatu in dem Königreich Hungarn ist erkläret worden/ laut Lit. C.

Was aber meine arme Person anbelanget/ so bin ich von meiner Kindheit an so vielen seltzamen Fatis und Unglücks=Fällen unterworffen gewesen/ daß ich mich offt selbst über die allmächtige Hand GOttes nicht genugsam verwundern kan/ wie mich solche so wunderbarlich geführet/ ernehret/ beschützet und erhalten hat.

Denn als ich noch nicht drey Viertel Jahr alt war/ und meine liebe Eltern uff ihrer Reise nacher Mayntz mich bey sich hatten/ das gewönliche grosse Franckfurter Marckschiff aber versaumet war/ liessen sie sich in einem kleinen Jagt=Schifflein hernacher führen/ und als sie zum grossen Schiffe kamen/ stiege der Vatter glücklich in dasselbige/ die Mutter aber fiel nebst mir in den Rhein/ und wurden kümmerlich lebendig heraus gezogen/ und also zu grösserm Unglück vorbehalten.

Denn als Anno Christi 1629. von dem Kayser Ferdinando II. das jenige Edict ausgienge/ daß

Lit. C. das gedruckte Diploma meines Bruders.

daß die Evangelische Reichs-Stände alle im Besitz habende geistliche Güter/ Kirchen und Clöster restituiren sollten/ worzu der Kayserliche General Tylli denen Mönchen und Ordens-Leuten die hülffliche Hand bothe/ Magdeburg einnahm/ auch nun ein militarisches Præsidium in die Stadt Erffurt einzuquartiren willens war. Da erschrack der Evangelische Magistrat hefftig/ weilen dessen Restituenda von sehr grosser Importantz waren/ hielte derowegen mit dem Chur-Maynzischen Judicio und Catholischen Clericis eine Conferentz/ erbothe sich durch gütlichen Vergleich die Restitution also einzurichten/ daß sie allerseits damit zu frieden seyn solten/ persuadirten solchem nach diese/ daß sie Condeputatos verordnen und nebst ihnen bey dem General Tylli die Einquartirung abwenden helffen möchten.

Hierauff wurde Nomine Catholicorum der in negotiis publicis Imperii wohlerfahrne Mann und Kayserliche Rath/ Hermannus Schwindius und Martinus Pastorius, dann ex parte Clerici der Decanus und Chur-Maynzische Sigillifer denen Evangelicis adjungiret. Diese trugen dem Tylli vor/ wie daß die vorhabende Einlage des Præsidii beederseits Religion Burgern sehr beschwerlich fallen/ und aus der Ursachen unnöthig seyn würde/ weilen die Burger an der Anzahl und Stärcke also beschaffen wären/ daß sie die Stadt für sich wohl defendiren könnten/ und auch der Herr General seine Trouppen wider einen so mächtig ankommenden Feind/ den König in Schweden wohl höchstens bedürffen würde/ sie

wol-

wolten sonst zu allen Officiis bereit stehen/ wären auch im Werck begriffen sich wegen der geistlichen Güter halber amicabiliter zu vergleichen. Hierauff nun zoge Tylli fort / und legte keine Guarnison ein. Nachdeme aber Gustaphus Adolphus König in Schweden angekommen/ und bey Leipzig den Tyllium auffs Haupt geschlagen hatte; da sandte der Evangelische Stadt-Rath seine Gesandten alleine (ohne einigen Condeputatum von Catholischer Seiten) zum Könige in Schweden/ und ließ bitten um eine zulängliche Guarnison/ mittelst welcher sie bey der Gewissens-Freyheit/ und bey dem Passauischen Vertrage/ der geistlichen Güter halber/ erhalten werden möchten. Der König leget ihnen Guarnison ein/ schliesset aber die Römisch-Catholischen von der Capitulation aus/ in deren Häuser und Klöster die Soldaten anfänglich gantz allein einquartirt worden/ welche sie dann gantz ausgeplündert/ und die meisten gar niedergerissen und evertirt haben/ worunter auch meines Vatters Hause auff dem Roß-Marckte gewesen/ woraus meine Frau Mutter nichts als ein Erb-Registerlein über etliche Gefäll und Zins-Einnahm darvon gebracht. Wir Kinder aber wurden von denen Soldaten mit blossen Degen verjagt/ und sahen sich allhier die Herren Catholici durch die erstere Persuasion hintergangen.

Schwindius starb für Kümmernuß und Hertzenleyd/ dessen im Sarge liegenden Cörper pars Adversa herum wältzen liesse/ umb zu sehen/ ob die Catholici nicht ihre briefflichen Documenta

und

und Privilegia mit in deſſen Sarg und Grabes=
Gewölb verbergen würden/ die aber ein Evange=
liſcher Burger/ Glaſer Handwercks/ in ſeiner Ver=
wahrung hatte.

Mein Herr Vatter/ Martinus Pastorius, mach=
te ſich ſchleunig auff/ zu ſeinem ChurFürſten na=
cher Mayntz zu verreiſen/ und das erlittene Exci-
dium zu klagen/ er fiel aber unterwegens wieder
in derer Schwediſchen Soldaten Hände/ wurde
nackend ausgezogen und mit Schlägen dermaſ=
ſen tractirt/ daß er inner wenig Wochen ſeinen
Geiſt auffgabe.

Nach ſolchem erlittenen Grundſturtze und ein=
gebüſſeten Vatter/ wurden wir Kinder durch die
betrübte und ruinirte Wittib kümmerlich auffer=
zogen. Mein Bruder Augustinus war der glück=
ſeligſte unter uns/ dann er allſchon auff die Schul
zu Mayntz verſchicket war.

Ich Melchior ward bey geringer Koſt und Klei=
dung von der Mutter zu denen Studiis gehalten;
abſolvirte zu Erfurt sub Patribus Societ. JESV
Poëſin und Rhetoricam, bate darauff meine Frau
Mutter ſehr/ daß ſie mich auff eine Univerſität
ſchicken mögte; ſie entſchuldigte ſich mit dem Un=
vermögen und obhabenden Laſt der übrigen Kin=
der=Verpflegung/ doch entlehnete ſie auff mein
ferners Anhalten bey meinem Tauff=Bathen ei=
nen Ducaten/ und gab mir ſolchen mit auff die
Reiſe/ mit welchem ich etliche tauſend Meilwegs
in der Welt herum gereiſet/ und doch nie keinen
Mangel gelitten habe.

Meine

Meine erste Reise gieng auff Gotha / Fulda / Franckfurt und Mayntz. Von dar uff Aschaffenburg und Würtzburg / allwo ich von dem Thumherrn Philippo von Ried (deme mein Bruder Augustinus in Romana Curia als Agent bedienet war) freundlich auffgenommen / und ad Studia Philosophica so lange gehalten wurde / biß der Cardinal Johannes Rosetti Anno Christi 1644. von Cölln herauf gen Würtzburg kam / und so fort per Nürnberg gen Rom reisete. An diesen ward ich von dem damahligen Bischoffe zu Würtzburg Joanne Philippo von Schönborn recommendiret / daß er mich in seiner Suite biß nach Rom in das Teutsche Collegium dulden möchte / welches dann auch geschahe / so daß den 26. Aug. 1644. ich glückl. bey meinem Hn. Brudern zu Rom anlangte / welcher mich in gedachtes Collegium introducirte. Meine Beneventores waren Her: Johann Philipp von Walderndorff / und Her: Peter Philipp von Derenbach. Hierinnen brachte ich laut Lit. D. 4. Jahr lang zu / besahe darbey nicht allein die Antiquitäten und meisten Raritäten in Rom / sondern als ich die vornehmsten Städte und merckwürdigsten Sachen in gantz Italia / wie meine Reiß-Beschreibunge / in welcher ich das meiste aufgezeichnet vor Augen leget / und war ich einsten auf solcher Reise in grosser Lebens-Gefahr / indeme man mich in einem Feld-Würthshause in eine sehr finstere Kammer wiese zu schlaffen / worinnen ein getödteter Menschen-Cörper unter dem Bette lag und einen ab-
scheu-

Lit. D. Testimonium Rectoris Colleg.

scheulichen Gestanck von sich gabe/ und hatte ich bey meiner Ankunfft hinter diesem Würthshause ein groß frisch gegrabenes Loch wahrgenommen/ darein man den vorigen getödteten und mich hat einscharren wollen/ aber GOtt halff mir durch Ankunfft etlicher reisenden Pilgramen gnädiglich darvon/ daß ich in selbiger Nacht gen Monte Frascon kam/ und so fort durch Florentz/ Bononien/ Ferrara und Mantua gen Trient/ Jnsbruck und München: von dar fuhr ich zu Wasser gen Landshuth/ Passau und Lintz.

Auf Lintz fuhr ich in Begleitung etlicher Patrum aus dem Kloster Steyergarsten nacher Wien/ und von dar gen Preßburg/ woselbst ich meinen Hertzens-Freund und Convictorem des teutschen Collegii Joannem Baptistam Baronem de Hedruara antraff/ und uff das herrlichste von ihme tractirt wurde.

Von dar reisete ich ferner durch viel vornehme Städte des Teutschlandes/ biß ich nacher Trier zu ihrer Churfürstl. Gnd. Herrn Philippo Christophoro von Zötern (dessen Resident mein Herr Bruder Johannes Augustinus viel Jahr lang am Päpstlichen Hofe zu Rom gewesen) ankame/ von dero ich gute Recommendatitias an den Cardinal Mazerini und an dessen Ambassatorn Herrn Baron von Reiffenberg erlangte/ konte mich aber deren wegen deß zu Paris entstandenen Tumults und Unruhe gar wenig bedienen.

Ich reisete so fort durch Metz uff Ponti Mosson und Chalon; von dar gieng ich mit meinem Gefährden Bartholomæo Nagelio Medicinæ Doctore

zu

zu Fuß am H. drey König Tage in einem dicken Nebel und Dufft uff Nancy zu/ wir kunten aber bey anbrechender Nacht keinen Ort zur Herberge finden/ weilen wir stets in der breiten Landstrassen blieben/ unn die zu beeden Seiten liegende Dörffer nicht gewar wurden/ unerachtet wir öffters die Hunde bellen/ und die Hahnen krähen höreten. Wir satzten uns endlichen aus grosser Matt= und Müdigkeit auff die liebe Erden/ umb etwas zu verschnauffen. Da sahen wir gantz von ferne ein Liecht auffgehen/ welches sich gemählich immer je höher in die Lufft erhube/ biß es gantz nahe zu uns herbey ruckte/ und weit grösser als ein grosses Pferd um uns herum funckelte/ so daß uns beeden ein Schauer über die Haut lieffe/ und wir anfingen nach GOtt zu schreyen/ und um Rettung zu bitten/ da es dann endlichen wieder zuruck gienge/ und an eben dem Orte/ da es zuvor entstanden/ wiedrum auslöschete und verschwande. Was gewesen/ ist GOtt bekannt.

Die Nacht war stockfinster/ so daß wir einander nicht sehen konnten/ und musten doch dieselbe unter dem freyen Himmel in nassen Kleidern und grosser Kälte zubringen/ fanden auch folgenden Tages in dem Dorffe Beaona gar schlechte Erquickungen/ indeme dieser Orten gewöhnlicher Lands=Art nach keine warme Stuben anzutreffen sind.

Als wir nun fürters in der Stadt Nancy etwas besser ausgeruhet hatten/ und so fort gegen der Stadt Meaux wanderten/ da hatte das grosse Gewässer bey einem Dorffe die höltzerne Brucke weg=

weggeflösset/ so daß wir genöthiget wurden durch einen Kirchhoff zu paßiren/ eben zu solcher Zeit da die Bauren aus Forcht vor denen anmarchirenden Condecischen Völckern ihre beste Sachen in die Kirche flüchteten. Diese nun hielten uns beede zu Fuß Reisende für Spionen und Vorlauffer der Condecischen Armata (welche citirt war den König zu S. Germain zu bewachen) sie fielen mit grossem Geschrey und Furi uns an/ rieffen/ nur den Degen vom Leibe/ und wolten mich einiger noth tod haben; Ich zeigte ihnen meine Paßporten und die Brieffe an den Cardinal Mazerini, diese worffen sie in den Koth/ und sprachen: Eben dieser Buccher ist es der diese Unruhe und Jammer in dem Lande anstellet. Endlichen kam zu dieser Action ein polit gekleideter Kornhändler/ der lase meine Brieffe/ verhub ihnen ihre Insolentz/ und nahm mich mit sich in sein schönes grosses Haus/ erquickte mich mit guter Speiß und Tranck/ hieß mich aber in seinem Kühestall zwischen denen Kühen schlaffen/ aus Beysorge die Bauren dörfften ihn und mich erschlagen/ wann sie zu Nachts patroliren giengen/ dann ihr Grimm sehe groß/ und dörfften sich einbilden er habe einen Pact mit uns gemacht um sein Korn uff dem Boden zu erhalten. Folgenden Tags ehe der Tag anbrach half er uns in einem Schifflein übers Wasser; unn kamen wir um die Abendstund zu Paris an/ eben da die Thorwachten abgewechselt wurden/ da entstunde meinetwegen abermahl ein Streit zwischen beeden Capitainen/ da so wohl der Ab= als Uffziehende mich zu seinem Gefangenen haben wolte. Da kam zu allem Glück ein Par-

lements=

lements=Herr/ der lase meine Paßporten/ und
nahm solche mit sich auff das Rathhaus/ hiesse
mich immittelst durch zween Musquetirer in ein
Wirthshaus begleiten/ und allbar verbleiben biß
folgenden Tages ein Bescheid vom Parlement ge=
geben würde.

Dieser fiel nun dahin aus/ daß man mir mei=
ne Brieffe wiederum zu- und beystellen solte/ hin=
zu passiren/ wo ich wollte. Da eilete ich zu dem
Chur=Trierischen Ambassador Herrn Baron von
Reiffenberg/ übergabe ihm meine recommendatitias, dieser tranck mir ein Glas Wein zu/ und
thate mir alle gute Vertröstungen; aber nach
Mittags Zeit simulirte er eine Spatzierfahrt in
einen Garten ausser der Stadt zu thun/ und kam
nimmer wieder gen Paris/ sondern zum Könige
gen S. Germain, und halff mich also die Chur=
fürstliche Recommendation nichts. Er hatte
von solcher seiner heimlichen Absentirung keinen
einigen Menschen und auch seinen getreuen Hoff=
meister nichts entdecket: zu allem Glücke hatte ich
eine Cameram locandam bestanden/ darein die=
ser Hoffmeister sich retirirte zu latitiren/ diewei=
len er besorgte sein Würth und die Kauffleuthe
dörfften ihm ad Carceres bringen wegen der grossen
Schulden die sein Herr gemacht hatte/ ich woh=
nete in der Vorburg S. Germain en la Moison
d'Empereur in Herrn Doctor Heilmanns Hause/
und hatte mir allerhand Victualien an Erbsen/
Linsen/ Bonen eingekaufft mich selbsten zu verkö=
sten/ weilen der Tumult und die Unruhe in der
Stadt Paris sich täglich vermehrte/ und sehr un=

sicher

sicher war aus denen Häusern zu gehen/ auch waren die Stadt-Thore alle sämtlich versperret und niemand hinaus gelassen/ aus Beysorge/ das gemeine Volck dörffte dem König zulauffen. Als nun obgedachter Hoffmeister etliche Tage sich bey mir verborgen aufgehalten hatte/ wolte er endlichen tentiren aus der Stadt zu seinem Herrn Baron zu gehen/ welches ich ihm sehr wiederriethe/ und bate/ nur noch ein paar Tage in Gedult zu stehen/ es würde sich die Auffruhr bald legen/ und als er auf mein vielfältiges Zusprechen und Bitten nicht verbleiben wolte/ gab ich ihme das Geleit biß zum Thor/ und ging so fort uff den hohen Wall. Jener war bereits durch die erste und zweyte Schildwacht passirt/ von der dritten und letzten aber (so ein Knab von 11. biß 12. Jahren war) angeschrien/ wer er wäre/ und wo er hin wolte/ da er aber seines Gangs immer fort gieng/ und auf vielfältige Instantz nicht antworten wolte/ wurde er durch und durch so gleich tod geschossen/ und bald darauff von etlichen Soldaten in die Stadt geschleppet/ auff ein klein Hospital-Kirchhöflein/ sine Crux sine Lux, eingescharret/ ein Mensch warhafftig von grossen Qualitäten/ in Jurisprudentia und diversis linguis wohlerfahren. Dieses Tragödische Spectacul an meinem Schlaffgesellen/ und die Recordatio derer gefährlichen Begebenheiten auff der Reise lehreten mich in meinem Bestand-Zimmerlein stille sitzen/ und der Welt Eitelkeiten in etwas zu Gemüte ziehen/ darbey meine Conscientz zu erforschen/ wie diese gegen dem lieben GOtt bestehe/ und uff was

H Weise

Weise meine arme Seele von ewiger Verdamm=
nuß möchte gerettet werden. Ich schriebe in die=
sem Domestico carcere tanquam in Pathmo
vier kleine Büchlein/ und ließ sie zu Pariß ein=
binden/ so noch vorhanden sind.

Und weilen nebst dem Tumult die Theurung
in der Stadt immer je mehr zunahme/ so daß das
Pfund Brod umb vier Batzen bezahlt werden
muste/ und doch nicht zu bekommen war/ weilen
die königliche Militz alle Landstrassen occupirt
hatte und nichts in die Stadt liesse/ da sturben
viel Leute Hungers/ und hatte ich mich fast gar
auffgezehret/ als den 12. Jun. 1649. diese Haupt=
Unruhe gestillt/ und der freye Paß geöffnet ward/
und weilen ich von meinem Reißgefehrden/ Bar=
tholomäo Nageln/ an statt baarer Bezahlung
mich nur mit einem Anweisungs=Zettel an seine
Eltern gen Winterhausen muste contentiren las=
sen/ so eylete ich von Paris auff Amiens, Lyon,
Geneve und Basel/ biß ich in das Closter S. Bla-
sii im Schwartzwalde zu meinem guten Freunde
und alten Collega in dem Teutschen Collegio zu
Rom/ Blasio Sarbey, kam/ und einige Tage bey
ihme ausrastete/ darauff nacher Tübingen und
Stuckart mich erhobe/ allwo ich bey dem Herrn
Doct. Johann Valentino Andräe Hochfürstl. Wür=
tenbergischen Hof=Predigern etliche Tage lang
aufhielte/ und viel gute Unterrichtungen in Reli=
gions=Sachen von ihme empfienge/ welcher Gottes=
gelehrte Mann mir auch zum Gedächtnuß in mein
Stamm=Büchlein schrieb: Signore io mi son
confidato in Te, fa che io non sia jam-

maj

maj in perpetuo confuso. 26. Aug. 49. Von dar reisete ich geraden Weges nacher Winter=Hausen zu/ und sprach bey deme daselbstigen Pfarrer/ Herrn Wilhelm Treuen/ ein/ exhibirte ihme seines Stieff=Sohns Handschrifft/ und als dieser auf Weinverkauff die Zahlunge hinaus schobe/ reisete ich nacher Würtzburg zu Ihrer ChurFürstlichen Gnaden/ Johann Philippo von Schönborn/ hielte mich in die vierzehen Wochen lang bey Hofe auff/ thäte offtmahls eine Spazier=Reise nacher Winter= und Sommer=Hausen/ ward jedesmahls von daselbstigen Inwohnern sehr höflich tractiret/ so daß mir der Ort und die Conversation derer Evangelischen Christen je länger je besser gefiele/ dahero ich bey höchstgedacht Ihrer Chur=Fürstlichen Gnaden um Dimission und Recommendation an die Herren Grafen von Limpurg anhielte/ auch erlangte/ und solchen Orts auf das freundlichste auf= und angenommen ward.

Meine erste Arbeit aber war diese/ daß ich die Augspurgische Confeßion durchgienge/ meinen bißhero geführten Lebens=Lauff von Jahr zu Jahr durchgienge/ und mich unterweisen liesse wie man allezeit mehrer den Creatorem als die Creaturen vor Augen haben/ und mehrer denen Worten CHristi als denen Menschen=Satzungen und Traditionibus glauben müsse/ da ich dann endlich zu der jenigen Erkäntnuß gelanget/ daß ich den innern neuen Menschen erkennen lernen / und dargegen den äusserlichen Mund=Christen mit eignem Werck=Verdienst habe fahren lassen / und bin in dem Nahmen deß HErrn den   1649. das erste mahl nebst ihrer Hochgräfl. Gn. Schenck / Georg Friderichen von Limpurg zu Sommershausen zum heiligen Abendmahl gegangen / habe auch meine Christliche Glaubens=Bekäntnus der Augspurgischen Confeßion gemäß damals aufgesetzt / und hochgedacht seiner Hochgräfl. Gnaden dediciret.

Verheyrathete mich darauff an die WohlEdle Frau Magdalenam / weyland Herrn Henrici Frischmanns / des Königs Gustaphi Adolphi in Schweden / gewesten Commissarii im Bistumb Würtzburg nachgelassener Wittib. Welchen meinen Ehren=Tag mehr hoch=mentionirte ihre Hochgräfl. Gn. samt dero Gemahlin und junger Herrschafft condecoriret / und zu ihrer Freud=Bezeugung das jenige hochschätzbare Trinck=Geschirr / so sie von der Röm. Kays. Maj. empfangen hatten / haben herum gehen lassen.

In dieser meiner allererſten Ehe hat mir der liebe GOtt ein eintziges Söhnlein nach seinem vätterlichen Willen bescheret / welches Hr. Graff und Erb=Schenck / Franciscus von Limpurg aus der heiligen Tauff gehoben und ihme der Nahme Franciscus Daniel ist gegeben worden. Dieser nun ist euer / meiner lieben Enckelein Vatter.

Nach meines erstern Weibes tödlichen Hintritt habe ich mich nacher Windsheimb an des

dasigen Consulentens / Herrn Johann Gelchs=
heimers Jungfrau Tochter, Evam Margare=
tham/ und nach dieser an Frau Barbaram Greu=
lichin/ letzlichen aber den 16 an des
HochFürstl. Brandenb. Beyreuthischen Hoff=Raths
und Lehen=Probstens/ Herrn Adami Volckmanns
Jungfrau Tochter/ Dorotheam Esther/ mit wel=
cher ich 2. Söhne/ Joannem Samuelem/ und
Augustinum Adamum/ wie auch 2. Töchter An=
nam Catharinam/ und Margaretham Barbaram
erzeuget habe.

Worvon der Erstere/ Johann Samuel in dem
HErrn entschlaffen/ den 19. Augusti 1687.
Der andere lernet an der Bau= und Ingenir=
Kunst/ verspricht zum öfftern/ daß er euch besu=
chen wolle. Die zwo Töchter sind zu Nürnberg
verheyrathet: Die ältere an Herrn Johann Ma=
thiam Wehrlein. Die andere an Herrn Georg
Reichart Hammern der Rechten Doct.

Was nun meine Vocations-Verrichtungen an=
betrifft/ so sind solches ohngefehr diese gewesen/
daß nemlichen ich anfänglich etlich und dreyssig
Jahr einen Advocatum und Patronum causa-
rum in diversis Romani Imperii Judiciis agi-
ret/ und etlich und 50. Adel= und Freyherrlichen
Partheyen gedienet habe. Solche aber allesamt zu=
gleich auff einmahl Anno Christi 1689. auffgegeben
habe/ als ich an einer Kranckheit gefährlich dar=
nieder lage/ und Sorge truge/ es dürffte bey ei=
nem oder den andern etwas versaumet werden/
ich fassete aber auch damahls diese feste Resolu-
tion/ nun und nimmermehr mich mit vielen Welt=

geschäff=

geschäfften zu impliciren / auch in Jurisprudentia keine Federn mehr anzusetzen / ausser etwa betrangten Wittwen und Weisen zu gefallen / welches Gelübt ich auch biß dato fleissig gehalten habe.

Sonsten habe ich in deß heiligen Röm. Reichs Stadt Windsheimb nachfolgende Aemter und Pflegen verwaltet:

1. Die Advocaten-Stelle / von welcher ich 2. in den Rathstand gezogen worden / und 29. Jahr assediret.
3. Bey 18. Jahren älterer Bau-Herr gewesen.
4. Eben so lange Zeit Bau-Besichtiger.
5. Wasser-Graff.
6. Landsteur-Einnehmer.
7. 36. Jahr lang Scholarcha.
8. Rechnungs-Verhörer aller Dorffschafften und Gotteshäuser uff dem Lande.
9. 11. Jahr Pfleger des Hospitals zum Heil. Geist.
10. 7. Jahr Pfleger des Closters St. Augustini.
11. 20. Jahr Pfleger des Altars St. Kiliani.
12. 20. Jahr Pfleger des Altars St. Martini.
13. 20. Jahr Pfleger des Altars B. Mariæ Virg.
14. 20. Jahr Pfleger des Altars Omnium Sanctorum.
15. 20. Jahr Pfleger des reichen Allmosens.
16. 20. Jahr Pfleger derer vier Allmosen.
17. 20. Jahr Pfleger Conrad Kumpffens Allmosen.

18. 20.

18. 20. Jahr Pfleger des Amts Nölingshausen.
19. 20. Jahr Pfleger des Hueb=Castens.
20. 26. Jahr alter Burgermeister.
21. 4. Jahr Kayserlicher Ober=Richter.
22. 4. Jahr Stadt=Hauptmann.
23. Endlich auch erwehlter Pfleger des Ambts Untern=Tieff. Worüber ich resigniret.

Uber alle diese Aempter und Pflegen habe ich redliche Rechnungen abgeleget/ darauff alle zugleich auf einmahl resigniret/ des Vorsatzes/ weilen ich nun etlich und siebentzig Jahre der Welt gedienet/ nun einstens die wenige übrige Lebens=Zeit mir selbsten zu leben / und meinem lieben GOtt in stiller Einsamkeit mein Leib und Seele in demüthigster Devotion hinwiederum anzubefehlen/ und hiernechst in hertzlicher Liebe aus dieser Zeitligkeit in die frohe Ewigkeit abzuscheiden. Und weilen mein ersterer Vorsatz zu euch über den grossen Ocean überzufahren/ durch anderer Leute Persuasiones hintertrieben worden. So habe ich mich nebst den Meinigen nacher Nürnberg in eine einsame Garten=Wohnunge begeben/ allwo gleichsam in einem geistlichen Erimitorio mit gottseligen Gedancken und Meditationibus meine Zeit zubringe/ als der in Zeit meiner Pilgerschaft ex quotidiana experientia wohl erfahren habe: Quod multi multa sciant, *seipsum autem nemo. Hinc ego jam disco nosse me & fragilitatem meam, & disco nosse Deum, ejusque incomprehensibilem potentiam & bonitatem.

In solo enim illo Summo Enti omnia creante & sustentante vera animi quies & consolatio quærenda est, alias omnis exterior consolatio est interioris impeditio. Qui petit pacem & consolationem in creaturis, non inveniet illam apud Deum. Ergo ita resignanda est voluntas nostra, ut nos totos consecremus Voluntati Divinæ, ut in puritate & sanctitate cordis pleni Fide, spe & confidentia soli DEO vivamus, prout in transmissis meis Soliloquiis ulterius videre, legere & imitari poteritis.

Und dieses ists / meine hertzgeliebte Enckelein / welches ich euch von meiner Ankunfft und bißhero vollführten Pilgerschafft habe wissen lassen wollen.

Lebet derowegen in der Forcht deß HERRN / fanget alles mit GOtt an / liebet und ehret seine Allmacht / und trauet festiglich an seine teure durch Christum JESUM geschehene Verheissungen / verberget euch in JESU heiligste Wunden / so werdet ihr seelig; und ich werde euch in der ewigen Himmels=Freude sehen ohne ENDE. Biß dahin ich allhier auff Erden allezeit lebe

Euer getreuer Groß=Vatter

Melchior Adam Pastorius.

Qua Corpus Pulvis, Cinis & Umbra,
Qua Animam vivum membrum JESV.

Zum

Zum Beschluß
Folget des Eigen-Herrns
und Ober-Haupts dieser Provintz selbst concepirte/ und an seine Freunde übersandte

Beschreibung/
Deren Umstände notabel zu lesen sind.

William Penns eigene Beschreibung Pensylvaniä an seine Freunde nacher Londen.

MEine werthe Freunde. Euere Wohlgewogenheit die ihr bezeuget in euren Schreiben/ verpflichtet mich sehr/ dieweil ich aus demselben mercke/ wie viel euer Libden meine Gesundheit und Reputation ihr lässet angelegen seyn/ wie auch das glückliche Aufnehmen dieser Provintz. Zur Vergeltung dessen sende ich euch einen langen Brieff von den Umständen dieser Provintz.

Daß aber einige aus grosser Boßheit draussen von mir spargiret/ daß ich nicht allein tod/ sondern auch als ein Jesuit gestorben seye/ das ist der Neyder Art/ denen ich zum Verdruß noch lebe/ (ohne ein Jesuit zu seyn) in guter Gesundheit/ wofür GOtt gelobet seye. Und werden vielleicht einige meiner Schmäher jetzo so wenig leben/ als ich tod bin. Und gleichwie ich durch einige/ die ich hinterlassen habe/ übel tractirt worden/ also habe ich Liebe und Respects genug allhier wieder gefunden/ da ich empfangen bin mit allgemeinen freundlichen willkommen/ nicht allein der Christen = Menschen/ sondern auch der eingebohrnen Landes = Könige und Königinnen/ die mich besuchet/ und haben mir Verehrungen gethan/ welches ich gebührlich habe vergolten.

Was nun dieses Land belanget/ so ist der gemeine Zustand dessen/ wie folget:

1.

Das Land an sich selbst/ nach seinem Grund/ Lufft/ Wassern/ Zeiten deß Jahrs und Gewächsen; es sey aus der Natur/ oder vom bauen/ ist keines wegs zu verachten. Es hält in sich unterschiedliche Arten der Erden/ mager und fett/ sandigt und lettigt/ rc.

2.

Die Lufft ist frisch und klar/ der Himmel heller als die Südlichste Theilen von Franckreich/ sehr selten überzogen.

3.

Die Wasser sind insgemein sehr gut/ weil sie auff sandig und steinern Grunde gehen/ und sind an der Anzahl unglaublich viel/ und gibt auch mineralische zur Artzney dienende.

4.

Die Zeiten des Jahrs anbelangend/ so sind die Monat October und November gantz leidentlich/ wie in Engeland der September ist. Vom December biß anfangs Martii gibt es scharff und frostig Wetter / mit neblicher dicken und schwartzen Lufft. Und ist diesen Winter der Fluß de la Ware zugefroren. Von Martio biß Junium haben wir ein liebliches Vorjahr/ und gewünschten hellen Sommer gehabt/ mit einem Sud-West-Wind/ deme der Nord-West-Wind abgewechselt/ und alle Wolcken/ Nebel und Dämpffe (womit die Sud-Winde den Himmel verhüllen) vertreibet.

5. Das

5.

Das natürliche Erdgewächs des Landes/ an Baum=Früchten und Pflanz=Kräutern sind gut und kräfftig. Da findet man Cedern=Bäume/ Cypressen/ Castanien/ Sassafraß/ Aychen=Bäume dreyerley/ Pflaumen=Bäume/ Welsch=Nuß-Bäume die Menge.

6.

Was durch Kunst und Menschen=Hand gepflanzet wird/ ist Waitzen/ Rocken/ Gersten/ Habern/ Erbsen/ Bonen/ und allerhand Garten=Kräuter/ Pfeben/ Melonen/ ꝛc.

7.

Fische/ Vögel und Thiere in Wäldern von allerley Arten. Es gibt Elenden/ Wildbrät/ Bibers/ Raccounen/ Bären/ Calecutische Hüner die 40. Pfund wägen/ Phasanen/ Rebhüner/ Schwanen/ Gäns/ Enden/ Schnepffen. An Fischen: Stör/ Hering/ Rochen/ Aalen/ Föhren/ Forellen/ Lachs/ Oestrel.

8.

An Pferden/ Ochsen/ Kühen und Schafen ist kein Mangel/ und wird das Land meistentheils mit Ochsen gepflüget.

9.

Es gibt auch wilde Myrten/ und Kräuter von grosser Krafft/ so gut sind für Geschwulst/ Brand und Wunden.

10.

Die Wälder und Büsche sind auch voll wohl-riechender Blumen.

Von

Von denen ingebohrnen natür-
lichen Indianern.

11.

Sie sind gemeiniglich lang/ gerade/ und von guter Proportion geschaffen/ sind von Complexion schwartz/ aber freywillig also gemacht wie die Zigeuner.

12.

Ihre Sprache ist kurtz und enge/ gleich der Ebräischen/ ein Wort dienet für dreye/ sie ist unvollkommen in Temporibus, Modis, Participiis & Conjunctionibus. Ihre Wörter sind von grosser Süssigkeit/ und von solcher Hoheit am Klange/ Accent und Nachdruck/ daß ich keine Europäische Sprache kenne/ die derselben gleichete: Anna, Mutter. Issimus, Bruder. Netap, Freund. usque oret, sehr gut. Pane, Brod. Metse, esset. Matta, nicht. Mattàne hatta, ich habe nicht.

13.

Die Kinder sind mit nichts gekleidet/ als daß sie eine kleine Binde umb den Nabel gebunden haben. Die Jungens fangen Fisch und Vögel/ biß sie etwa 15. Jahr alt werden/ da fangen sie an zu jagen/ und beweisen ihre Mannhafftigkeit mit denen Fellen/ die sie nacher Haus bringen/ alsdann mögen sie heyrathen. Die Mädgens bleiben bey der Mutter/ und helffen das Land bestellen/ Korn säen/ und Last tragen/ wann sie jung sind/ damit sie den Männern dienen können/ wann

sie

sie alt werden; dann die Weiber sind getreue Dienerinnen ihrer Männer.

14.

Wann die Mägdlein mannbar sind / so tragen sie etwas auff den Kopf / daß man ihr Angesicht kaum sehen kan. Die Weibspersonen heyrathen im vierzehenden Jahr / und die Männer im 18ten.

15.

Ihre Häuser sind Hütten von Baum-Rinden / nicht viel höher als ein Mann / sie liegen auf Rinden / Schilff oder Graß / und wann sie reisen / so schlaffen sie in den Wäldern / rings umbher ein grosses Feuer.

16.

Ihre Speise ist: Majs, oder Indianisch Korn / bißweilen in der Aschen gebraten / bißweilen gestossen / und in Wasser gekocht / sie machen auch Kuchen davon / haben auch sonst Bonen und Erbsen / Fische und Vögel.

17.

Wann einer sie besuchet in ihrer Hütten / so geben sie ihme die beste Stelle / und im Essen das erste Stuck oder Vorschnitt. Besuchen sie aber uns / so grüssen sie uns mit einem Itha. Das ist: Es müsse euch wohl gehen / und setzen sich auff die Erden auff ihre Fersen; fordern nichts / gibt man ihnen aber was / so sind sie freundlich.

18.

Sie können ihre Gebärden sehr verstellen und verfälschen / damit man die ihnen angebohrne Rach=

Nachgierigkeit/ damit sie denen Italiänern weit vorgehen/ nicht vernehmen solle.

19.

Sie sind von grosser Freygebigkeit/ leicht von Hertzen/ starck in ihren Zuneigungen/ sie sind die frölichsten Geschöpffe auf Erden/ sie gasteriren und tantzen immerdar. Wann sie ihre hohe Fest=Tage/ oder ihre gewöhnliche Mahlzeiten halten/ so dienen die Könige erstlich/ denen andern vor/ und speisen sie zuletzt. Sie sorgen für wenig/ weil sie wenig vonnöthen haben. Und weilen sie in unsern Lüsten keinen Gefallen schöpffen/ so sind sie auch frey von unserer Mühe und Ungemach. Sie haben nichts mit Wechselbriefen und Rent=Cammern zu thun.

Einige von ihren Königen haben mir was Landes verkaufft/ und etliche andere haben mir unterschiedliche Stücke Landes verehrt; dasjenige aber was ich ihnen an Zahlungs= oder Verehrungsstatt dargegen gegeben habe/ hat ihrer keiner für sich eigenthumlich behalten/ sondern haben es mit denen benachbarten Königen so mit ihren Landereyen anstossen/ per æquales sortes getheilet. Sie haben ihr plaisier an fischen/ jagen/ und Vögelfangen. Sie essen zweymal des Tages/ Morgends und Abends. Ihre Stüle und Tafel ist die Erde. Sie fangen an und trincken gerne starck Geträncke/ Rum genannt.

20.

In Kranckheiten sind sie sehr sorgfältig umb die Genesung; wann sie sterben/ begraben sie dieselbe mit ihren Kleidern/ und die nechsten Bluts-
Freunde

Freunde werffen etwas bey ihnen das ihnen lieb und hochgeachtet ist/ zum Zeichen der Liebe in ihrer Trauer ist/ daß sie ihre Angesichter schwärtzen/ welches sie ein Jahr lang continuiren. Sie sind sorgfältig über die Grabstätten ihrer Todten/ dann damit dieselbe mit der Zeit nicht mögen verlohren werden/ reissen sie das Gras ab/ und mit grosser Sorgfalt machen sie die verfallene Erde wieder hoch.

21.

In Sachen ihre Religion betreffend/ sind diese arme Leute noch in Finsternuß der Nacht/ doch glauben sie gleichwohl eine Gottheit/ und der Seelen Unsterbligkeit/ ohne alle Beyhülffe der Metaphysic. Sie sagen: es sey ein grosser König der sie geschaffen habe/ der in einem herrlichen Lande/ Suden=werths/ von ihnen wohne/ und daß die Seelen der Frommen auch dahin kommen werden/ daselbst sie wiederumb leben sollen. Sie pflegen an ihren Gottesdiensten zu opffern von ihren ersten Früchten/ und dann zu singen im Tantzen und Jauchzen in einem Reyhen/ da ihrer zween in der Mitten stehen/ und das Werck anfangen mit singen und trummlen auff einem Britte zu regieren. Es geschihet alles mit grosser Ernsthafftigkeit/ und mit grosser scheinbarlicher Freude. Wer zusehen will muß eine kleine Verehrung geben/ ohngefehr 6. Styvers ihres Geldes/ welches gemacht ist von einer Schelffen eines Fisches. Das schwartze bedeutet Golde und das weise Silber/ dieses Geld nennen sie Wampon.

22. Sie

22.

Sie werden durch Könige regieret/ die sie Sachimas nennen/ solchem Könige succediren nicht seine leibliche Kinder / sondern seines Bruders oder Schwester Kinder / dann sie wollen/ daß ihre Nachkömmlinge nicht sollen Bastart oder H.... Kinder seyn.

23.

Jeder König hat seine Räthe/ so da bestehen aus allen den Alten und Weisen seiner Nation/ ohne deren einrathen sie nichts vornehmen in Verkauffung der Landereyen und andern/ ꝛc.

Ich habe einmahl einen König zu Rathe sitzen sehen in der Mitten eines halben Monds/ uff beeden seiten sassen seine weisen Räthe/ und ein wenig hinter ihnen die Juniores. Und habe ich nirgends grössern natürlichen Verstand gesehen/ wann man betrachtet und bey sich erweget/ daß sie die Hülffe (ich hätte bald gesagt das Verderben) von Satzen und Gesatzen nicht haben/ und würde der jenige wohl eines weisen Mannes Nahmen verdienen/ der sie übertreffen kan.

24.

Ihre Justitz und Recht bestehet in Geld-Busse / auch der Mord selbsten. Eine Weibsperson muß man doppelt bezahlen/ weilen sie Kinder hätte bringen können / so der Mann nicht kan.

Sie zancken unter sich selten/ und wann sie bezächter Weise gezanckt haben/ vergebens sies einander

ander/ und sprechen daß es der Trunck/ und nicht der Mann sey der da mißhandelt habe.

25.

Wir sind zu Accord worden/ daß in allen vorfallenden Irrungen zwischen uns/ 6. von ihren Leuten/ und 6. von unsern die Sache vortragen müssen.

26.

Ihren Ursprung achte ich daß er herkomme von denen 10. Stämmen der Juden: 1. Weilen sie in einem Lande müssen herumb ziehen/ und mögen wohl aus den eusseristen Theile Asiä in das aller=Westlichste Theil gekommen seyn. 2. Weilen sie und ihre Kinder von Angesicht denen Juden gantz gleich sehen. 3. Mit denen sie in denen Ceremonien gantz übereinkommen. Sie opfferen ihre erste Früchte/ rechnen nach dem Mond/ legen ihren Altar uff 12. Steine.

27.

Die allerersten Inwohner an Christen sind in diesem Lande gewesen/ die Holländer. Darnach die Schweden und Finnen.

28.

Die Ersteren führen Handelschafft/ die Letzten den Ackerbau.

29.

Die Holländer haben ihren GOttesdienst zu Neu=Castle.

Die Schweden an 3. Orten/ zu Christian/ zu Tenneaim und zu Wicoco.

30. Un=

30.

Unsern eigenen Zustand/ und was für Fortgang wir gemacht haben/ so sage ich kürtzlich/ daß dieses Land oder Provintz anfange an der Baay des de la Waare Flusses/ der mit grossen Schiffen kan befahren werden/ und nebst diesem noch navigabel sind: Christina, Brandewin, Scilpot und Schuilkyt. Jn welchen allen man die königliche Flotte von Engeland kan auflegen/ weilen man daselbst die Tieffe des Wassers à 4. biß 8. Faden befindet.

31.

Die kleinen Revieren/ so mit Schaloupen von grosser Last befahren werden/ sind diese: Lewis, Mespilion, Dedar, Dover, Chichester, Chester und noch gar viel andere.

Unsere Leute haben sich mehrentheils an der obern Revier de la Ware niedergelassen/ welche da anmuthig und mit gutem Lande versehen ist. Das jenige Theil der Provintz/ das mit Volck besetzet ist/ hat man getheilet in 6. Graffschafften Nahmens Philadelphia/ Buckingham/ Chester/ Neu-Castle/ Kent und Sussex. Und umb besserer Regierung willen/ sind in jedwederer Graffschafft Rechts=Bäncke bestellet/ und mit tüchtigen Bedienten versehen / als: Richtern/ Friedens-Richtern/ Schulden=Vogten/ und andern Vorstehern/ welche Gerichts=Herrn alle zween Monat sitzen.

Dann damit man so viel möglich ist/ allen Processen und Rechtshändeln vorkommen möge/ so sind da drey Friedenmachern bey jedem Gericht
ge=

gewehlet als gemeine Mittler/ um alle Strittig=
keiten zwischen denen Einwohnern anzuhören und
abzuthun. Und über dieses sollen im Vor=Jahr
und Nach=Jahr das Waysen=Gericht sitzen/ umb
in jeder Graffschafft auff der Wittwen und Way=
sen Sachen Auffsicht zu haben.

Philadelphiae Beschreibung.

32.

Philadelphia (die Hoffnung der Interessirten
dieser Provintz) ist zu allgemeiner Vergnügung
der Anwesenden also angeleget/ daß sie lieget zwi=
schen zweyen Schiffreichen Rivieren/ nemlich de
la Ware und Schuylkil. Wordurch die Stadt
zwey Ufer zu Fronten gegen das Wasser zu be=
kommen hat/ deren jegliche eine Englische Meile/
oder 5260. Amsterdamische Fuß lang ist. Diese
zween Flüsse aber sind zwey Englische Meilen/ o=
der 10520. Fuß voneinander.

Der Fluß Schuylkil ist besser mit Volck bese=
tzet/ weilen das Land an beyden Seiten unser ei=
gen ist/ und er in die 100. Englische Meilen mit
Bootten befahren werden kan.

Ich sage wenig von der Stadt selbsten/ weilen
mein Gevollmächtigter Euer Libden den Grund=
Riß der Stadt selbst mitbringen solle/ in welcher
dann die Kauffer ihr Interesse finden werden.

Aber das muß ich noch sagen/ wegen der guten
Vorsehung GOttes/ daß von allen Oertern und
Plätzen/ deren ich viele in der Welt gesehen ha=
be/

be/ mich nicht duncket/ daß ich einen Ort gesehen/ welcher besser gelegen wäre als dieser. So daß es scheinet als ob er zu einer Stadt gewidmet gewesen wäre/ welcher sich zu Schiff-Gewerben/ Kauffmanschafft/ und Handwerker-Beruff so wol anschicket.

Die gröste Beschwerung/ welche die erstere Ankömmlinge allhier ausgestanden haben/ war diese/ daß sie eine Zeitlang gesaltzen Fleisch haben essen müssen/ darbey es doch an Fischen und Vögeln keinen Mangel gegeben/ was mich selbsten anbelanget/ so dancke ich Gott/ daß ich mit dem Lande/ und mit der Speise die ich hier finde/ gantz wol zufrieden bin/ meine gantze Intention aber zielet nur dahin/ wie ich geschäfftig möge seyn gute Arten und Manieren zu erfinden/ alle die hiessige Dinge und Unternehmungen in guten Stand zu bringen/ welches am Ende mir eine richtigere und leichtere Verwaltung gebühren wird.

33.

Euer Liebden Loß in dieser Provintz ist sowol in als ausserhalb der Stadt Philadelphia also/ daß die Situatio und Grund nicht wol könte verbessert werden. Euer Loß in der Stadt/ ist eine gantze Strasse/ und eine Seite einer Strassen von einem Fluß zum andern/ und hat fast hundert Acker in sich.

Die Ledergärberey/ Seegmühlen und Glashaus sind sehr wol gelegen/ so daß die Sachen der Societät mit Gottes Segen in Kürtze guten profit nehmen sollen.

Und

Und hiermit Versichere ich Euer Libden/ daß ich von Hertzen geneigt bin Euer rechtmässiges Interesse zu befördern/ und daß Euer Libden mich allezeit befinden sollen

Philadelphia den 8.
Augusti 1683.

Euern lieben und hertzlichen Freund
William Penn.

Geschrieben an die Commissarien der freyen Societät der Kauffleute zu Londen/ welche 20000. Morgen Ackers in Pensylvania gekauffet/ und eine starcke Handelschafft gen Philadelphiam angeleget haben.

Und ist obiger Berichts-Brieff erstlich in Englischer Sprache geschrieben/ nachmals in die Hochteutsche übergesetzt und gedruckt worden durch J. W. zu Hamburg

Bey Heinrich Heusch im Jahr 1684.

Situatio & Magnitudo der Stadt Philadelphia.

Dieſe ligt zwiſchen zweyen ſchiffreichen Waſſer-Flüſſen/ de la Ware und Scuylkil, dergleichen nicht leichtlich zu finden/ und ſie ligt auf einem hohen Lande/ da die Schiffe ſehr guten Grund haben/ Ancker zu werffen/ und in 6. biß 7. Faden tief Waſſer.

Der Grund der Stadt iſt gleich und eben. Die Lufft trucken und geſund. In dem kleinen Abriſſe haben die Nahmen derer Kauffer und Häuſer-Possessorum nicht können ausgedrucket werden/ ſondern habe ſolche mit Zifferzahlen ad marginem verwieſen/ damit ein jeder Interessent ſein Loß ſehen kan.

Die Stadt wird Creutzweiſe durchſchnitten mit einer groſſen Straſſen 100. Fuß breit. In der Länge gehet die Gaſſe von einem Fluß zum andern. In der breite mitten durch die Stadt auch 100. Fuß breit von einer Seiten der Stadt biß zur andern.

In dem Mittelpunct der Stadt iſt ein Platz von 10. Aecker groß/ an deſſen 4. Ecken ſollen Häuſer gezimmert werden/ welche zu allgemeinem Dienſt denen Innwohnern zum beſten dienen ſollen; Als erſtlich zum Verſammlungs-Platz/ 2. zum Staaten-Hauſe/ 3. zum Marckthauſe/ 4. zur Schulen.

Item ſind in denen 4. Theilen der Stadt vier Plätze/ jeder 8. Acker groß/ uff deren jeden dergleichen 4. Häuſer gebauet werden ſollen.

Und

Und sind ausser obgedachter mittlern Hoch=Strasse noch 8. Strassen/ so alle von einer End=Seiten zur andern langen. Dann 20. Strassen in die Quär/ auch von einer End=Seiten zur andern/ welche Strassen alle funffzig Fuß breit sind.

Von einem Fluß zum andern sind zwo englische Meilen/ und über Quär der Stadt eine englische Meile.

Noch ein Bericht-Schreiben aus
Pensylvania Thomæ Paskells, Der Englischen Compagniæ Factoris an Jeann von Chippenham in Engelland de 10. Febr. 1683.

Das Land der Reviere de la Ware ligt ohngefehr 160. Englische Meilen von der See/ und ist meistentheils alles angepflantzet/ insonderheit an den Seiten Pensylvaniæ und an einigen Bächen/ wo die Schweden/ Finnen und Holländer wohnen/ zu welchen Letzten nun die Engelländer sich eindringen/ in deme sie ihnen ihre Plantagien abkauffen und sich herrliche Sitze fast bey allen Flüssen und Bächen machen. Die Riviere de la Ware, ist eine so schöne und herrliche Riviere, wie man wünschen kan eine zu sehen. Ich kan mit Warheit sagen/ daß Zeithero meines Abzugs von Bristol/ ich mich nicht wiederum dahin gewünschet habe/ den Scheffel des besten Waitzens habe ich allhier für 28. Stüver/ und solches gegen andere Wahren/ welche mich in Engelland kaum halb so viel gekostet eingehandelt. Rocken/ der Scheffel 21. Stüver/ Indianisch Korn und Habern der Scheffel 16. Stüver. Ich habe hier gut Ochsen= Schweinen= und Schaaf=Fleisch/ das Pfund a 2. Stüver. Feder=Wildprät wie auch groß Wildprät spott wolfeil die menge.

Von

Von Barbados können wir Zucker und Syrupp wohlfeil bekommen. Ich bekame neulich vier Hirsche für 3. Elen Duffels/ welche mich weniger als 3. Gulden gekostet.

Man hat auch allhier schon Uberfluß von Garten = Gewächsen/ weissen Rüben/ Pastinacken/ Köhl/ Lauch/ ꝛc.

Item wolgeschmacke Pfirschen dreyerley/ in solcher Mänge/ daß ich derselben viel habe auf der Erden liegend/ verfaulen und s. v. die Schweine aufffressen sehen.

Allerley wolgeschmack Obs an Aepffel/ Birn/ Kirschen/ Kriechen/ Pflaumen/ Quetschen hat man genug.

An schönen Waldungen/ Nuß/ und Castanien= Bäumen hat es keinen Mangel.

An Mineralien in Bergwercken habe ich keines gesehen/ als Marcasit/ davon man in Engelland Vitriol oder Kupffer=Wasser machet.

In hiesigen Wäldern findet man Biebers/ Raccounen/ Wölffe/ Bären/ und eine Art Löwen/ wilde Katzen/ Muscus = Katzen/ Elende und Eichhörner unterschiedlicher Arth/ auch schwartze Schlangen.

Die eingeborne Indianer sind stille und friedfertige Leute/ haben einen sehr guten Verstand/ und sehr gute Arten an sich/ ausgenommen so man ihnen etwas zuwider thut/ alsdann so rächen sie sich selbst/ sie mögen die Englischen fast gerne unter sich leyden.

Der Winter allhier ist sehr streng und sehr mühseelig das Viehe zu unterhalten/ biß man bessere Anstalten und Ordnungen deßhalben anrichtet.

Die Leute welche anhero kommen wollen/ müssen arbeiten können/ und unverdrossen seyn. Ich will ihnen auch rathen/ daß sie sich mit allerhand Proviant an Speiß und Tranck zu ihrer Bequemlichkeit auf den Schiffen versehen/ dann die Schiff-Kost/ eine harte Kost ist.

Ich hätte wohl viel mehr zu schreiben/ aber ich muß abbrechen. Lebet wohl.

Philadelphia den 10. Febr. 1683.

Thomas Paskell.

Und hiermit hat die Pensylvanische Beschreibung ein

E N D E.

STANFORD UNIVERSITY LIBRARIES
STANFORD AUXILIARY LIBRARY
STANFORD, CALIFORNIA 94305-6004
(650) 723-9201
salcirc@sulmail.stanford.edu
All books are subject to recall.
DATE DUE

DEC 1 2002